U0152956

我們終將變富有

有錢人的紀律
Key to getting rich

黃凡——

著

目錄

自序 物質的富裕 VS. 心靈的富足   4

CHAPTER 1   強烈的理財意願，投資的最佳起手式

1.1 理財＝發財？   8

善用正確的理財技巧而致富，可能嗎？   9

透過投資理財改善生活品質，可行嗎？   13

1.2 你不理財，財不理你—我為何要學投資？   18

基礎目標：跑贏通貨膨脹   19

核心目標：抵抗人生中的風險，確保生活無憂   20

終極目標：實現財富自由   22

CHAPTER 2   如何正確地投資理財

2.1 第一步：認識自己，走上理財最佳之道   32

案例 1：有效籌措、配置買房資金   34

案例 2：彈性掌控日常消費開銷   37

2.2 第二步：避免誤觸投資地雷與陷阱   39

陷阱 1. 相信「天道酬勤」，頻繁操作   40

陷阱 2. 投資人聰明卻反被「聰明」誤   44

陷阱 3. 頻繁進出「炒股票」，謝絕投資績優股   48

陷阱 4. 熱衷找尋速成秘笈，不練基本功   51

地雷 1. 受「高獲利」誘惑，誤入「詐騙」平台   55

地雷 2. 進場炒短線，新手竟恍若 F1 賽車手   58

地雷 3. 加碼融資券，冒險染指「創富」工具   60

地雷 4. 精品投資—價格波動大、流動性差   62

地雷 5. 另類理財商品的「脾氣」難捉摸   63

地雷 6. 虛擬貨幣—美麗的死亡泡沫   65

2.3　第三步：理財如下棋，資產配置大閱兵　　74

　　股票：高風險、低門檻的「大眾情人」　　76

　　黃金：「就怕火煉」的保值工具　　79

　　基金：值得信賴的理財夥伴　　84

　　各式金融商品：務必慎選的投資工具　　89

　　銀行存款：你最忠實的財富衛兵　　90

2.4　第四步：步步為營穩健提升，邁向財富進階路　　93

　　投資股票，長期獲利、錢景看好　　94

　　慎選基金，採用正確姿勢「躺平」　　107

　　添購保險，中產階級的避風港　　114

　　外匯投資，讓理財組合更多元　　122

　　進軍房地產，資產進階的最佳工具　　127

CHAPTER 3　　我們終將變富有……

3.1　在投資理財的道路上，慢慢變富　　136

　　後疫情時代，投資理財的「3 不」與「3 要」　　139

　　資產配置的「再平衡」，讓投資理財更趨平穩　　148

3.2　堅持「價值」投資，實現穩定的幸福　　150

　　跨越牛市、熊市的股票投資法　　151

　　穩步邁向財富自由　　165

3.3　選、等、守—實現「10 倍報酬率」的必勝心法　　169

　　以「博弈」的心態，追高殺低　　170

　　以「套利」的方法，積少成多　　171

　　以「實業」思維與好公司一同成長　　176

物質的富裕 vs. 心靈的富足

　　相信每位投資人在投資理財的領域裡，肯定都會有自己專屬的一套邏輯與習慣。

　　過去十多年來，我個人因為職業關係，經常為國內外從事理財金融業的大眾上課，授課期間大家也都紛紛回饋我許多寶貴意見，表示自己身為投資與理財核心理論的多元化資產配置，不但無法說服客戶，甚至無法說服自己及親友們，實在有夠荒謬！

　　本書的前言曾經提到，投資人過去慣用的理財方式之一就是買進金融業者們發行的「預期收益型理財或投資產品」，不管是銀行業者發行的、還是保險公司推出的，抑或是基金公司推行的商品，只要有預期收益，最後必然達到。投資者不需要去研究或追問產品背後的資產，只需要知道「預期獲利」即可。

　　不少投資人曾開玩笑地說，最佳的投資理財方式其實就是「不理財」。有錢就到處想辦法投資，至於甚麼資產配置理論、

風險與收益配比等，上述種種理論其實都是派不上用場的。然而，根據本書的詳盡分析，我大膽假設，未來十年裡，同樣的路徑肯定是行不通了。

　　本書透過介紹資產配置的要領、提示投資理財的各種陷阱，旨在把投資者帶領到投資理財的正途上，藉以實現財富保值增值的目標；同時，並為投資者展示如何應用適當的投資理財工具組合，妥善自己的投資理財規劃，確保自己與家人生活無憂，進而緩步前進地實現財富自由。

　　從真正意義上享受財富自由，除了必須積累足夠的財富，心態上更需要同步修煉，以此達到真正自由的境界。與二、三十年前相比，國內的總體富裕程度已有巨大的提高，然而眼前物質的豐富無法讓大家保持平穩的心態。特別是在國內金融市場奮鬥多年的投資大眾，大夥兒獲得的多半只是疲憊與焦慮。因此我認為，「富足」是指精神上與物質上的自由，而「富

裕」僅指財富上的豐富；僅僅擁有物質上的財富，並不一定能讓人感覺「富足」，畢竟人們對財富的追求是永無止境的。然而，巨額的財富不一定能為人們帶來富足，反而常會引發許多困擾。

最後，我想引用《財務幸福簡明指南》一書的作者喬納森‧克萊門茨（Jonathan Clements）的一句話來作總結：「假設我們白天做著自己喜歡的工作，晚上回家後能與自己所愛的人在一起，這就是一種『富足』，即使我們並不一定是『富裕』的一群。」

黃凡

| Chapter 1 |

強烈的理財意願，
投資的最佳起手式

$ 理財＝發財？

$ 你不理財，財不理你－我為何要學投資？

| 1.1 |

理財 = 發財？

話說理財就是單純購買理財商品嗎？

不是！

理財其實是透過合理配置投資組合，產生合理的資產性回報，也就是「以錢生錢」，實現財富的保值與增值。

我個人理解的發財就是把握機會、迅速致富，大幅提升自己的財務狀況。例如某位每天為生活而奔波的上班族，忽然中了公益彩票頭獎，獲得上億元的獎金。又例如，創業者歷經長期艱苦的創業過程，讓公司成功上市，身價瞬間蛻變為億萬富

翁⋯⋯基本上發財的路徑很多，但投資者多半是透過理財來讓身價翻倍漲的。又或者我直接說明白一點，那就是投資股票、期貨等實現快速致富。

善用正確的理財技巧而致富，可能嗎？

投資理財能讓我們快速致富嗎？

根據我自身三十多年的實際經驗，單靠投資理財想要一夕致富並不可行。大家可能會說：「我們經常聽到身邊一些人聊到他們投資股票賺大錢的故事⋯⋯。『股神們』天天抓到『漲停板』，這些能高手很容易發財致富，我們跟著做不就行了？」

在此請允許我分享一下實際情況吧！

我因長期在資產財富管理行業工作，而被誤認為是能指點出「金股」的專家，也常被拉入不同的投資社交群組中，然後被大家要求為各式投資商品做績效評估，或是乾脆推薦大家應該買哪一支股票。為此，我再三聲明沒有「點股成金」的技能並以此作為理由而推辭，只讓自己擔任觀察者的角色，也順勢觀察到一些有趣的現象。

在不同的投資群組中，往往都有幾位自詡為「股神」的投資人，每天為大家推薦各類型股票，而只要自己推薦的標的物價格上漲時，他們都不免沾沾自喜，覺得自己根本就是百戰百勝。只是我很好奇，這些「股神」們推薦的股票既然都這麼奇準無比，投資績效也早就足以讓他們成為富翁，那他們為何不去收購大型企業？或乾脆待在某個美麗的小島上曬太陽、喝啤酒？怎麼還有閒工夫天天幫大家推薦股票？

❖ 「長期持有」才是致勝關鍵

其實，大家如果細心觀察與統計，自然不難發現，這些「股神」們充其量也是普通人，每天推薦的股票若漲了，事後炫耀；若不漲，自然也就不會提了。大家不過就是發財心切，選擇性地遺忘這些「股神」失算的結果。甚至在投資群組中還有一些「技術專家」，每天指點個股的「賣壓」、「進場時機」，建議大家「低買高賣」，一時之間，大家似乎可以透過每天的交易操作來「印鈔票」，然而這樣下來，卻也不見有誰因此賺大錢而去買名車、住豪宅。

實際上，**投資人無法克服的貪婪人性與恐懼性格，最終只**

會淪於「追高殺低」。「高買低賣」往往就是必然結果……。

幸運的是，我身邊也有一群朋友是真正實現財富自由的「贏家」，他們的致富途徑很多種，但有趣的是，唯獨就是沒有依靠股市博弈這一條。其中有一位是二十多年前因投資並長期持有若干優質企業而致富的企業主，提示一下，關鍵字是「長期持有」。試想，如果他每天反覆買賣自己手中的持股，就像賭博一樣殺進殺出，這樣哪還能賺到這麼多錢呢？

還有一位因近十年在各地投資房地產而致富的老闆，試想，如果他每天只知盤算手中房地產的「賣壓」、「進場時機」，一心只想要「低買高賣」，那豈不是就錯過了房地產「黃金十年」的大好機運嗎？

更有一位是上市公司高階主管，長期持有公司股票，但是因股價連續下跌多年而虧損嚴重，近期，公司忽然搖身變成「券商概念股」而連續漲了十多個漲停板，這位同學身價瞬間暴漲並大步跨入富豪行列！然而，若他不是因為自己是該上市公司高管而「不好意思」賣股，等於就是被迫長期持有，那又哪能等來這般發達的好機會？

上述種種都是發財的實際例子，並且沒有一個是透過大家

耳熟能詳的「低買高賣」的炒作模式來完成的。

　　簡單一句話，這群人致富的共同特點就是抓住機會，透過實際累積和資本運作。畢竟致富多半還是需要「冒險一搏」的，他們多半是依靠創業或創投而致富。創業和創投致富其實成功的概率並不高，儘管我們看到的都是「成功人士」的風光，但他們僅僅只是一場又一場「大浪淘沙」般的創業致富幸運兒，或是屢敗屢戰的商戰倖存者而已！

　　曾有統計數字表顯示，逾九成的創業往往都以失敗告終。而創業失敗意味著財富投入的損失（甚至可能血本無歸），因此，創業和創投其實都是以成功機率極小的事件去造就出成功結果的。

　　理論上，財富管理成功的關鍵在於透過適當的資產配置，成功取得與所承擔風險相對應的合理報酬；同時，以分散投資的模式來規避各種非系統性的風險。

　　我必須強調的是，**理財不應被視為是創業致富的一種手段，它只能讓我們實現財富保值、增值這個階段任務**。只有如此，我們才能守護好多年辛勤工作下所累積的財富，讓籃子裡的雞蛋平安度過經濟局勢的潮起潮落⋯⋯。

透過投資理財改善生活品質，可行嗎？

針對上述標題所指的問題，我的答案是肯定的。

在此我先分享一下，我以兒子作爲「試驗品」，探索兒童財商教育的小故事：

記得是在兒子即將年滿十八歲的那一年。我當時心裡經常在想，屆時應該送他什麼作爲成人禮？與老婆大人商量了半天，決定除了送他一支夢寐以求的 Apple Watch 以外，還要把爲他準備多年的教育基金投資帳戶的管理權正式移交給他，以此作爲正式的「成人禮」。

這個投資帳戶是在 2010 年，以兒子的名字開設的銀行基金帳戶（未成年不能開券商股票帳戶），我每年都以「長期投資報酬率十分可觀」作爲誘餌，說動他把年終收到的紅包錢上繳並陸續投入此一基金帳戶中，藉此爲他儲備未來讀大學的教育經費。十年下來，我一直主動讓他觀察如何管理帳戶的投資，並關心帳戶的淨值變化，從小就讓他開始進行兒童財商的教育。

這麼多年來，基金帳戶中的主要投資品項是，再簡單不過

的「滬深 300 指數基金」（CSI 300 Index）加上「中證 500 指數基金」（CSI Smallcap 500 Index，簡稱 CSI 500），我讓兩者的投資比例各佔一半。

不過，階段性的短期報酬率並不差。例如，2019 年上半年持倉的總報酬率約為 40%。我把 40% 的該時段報酬率用券商的分析軟體分析了一下，系統顯示這個報酬率跑贏了同期 88% 的基金經理人，同時被系統授予「榮耀股神」的稱號。

但若長期來看，結果又是如何？

十年來，每年定期投入幾千元，直到 2019 年上半年，資產總報酬率已接近 200%，我計算了一下，這個基金的總市值已然足夠繳納他未來四年到國外唸大學的學費。當初投資的目標已然順利達成。

而剛好，2019 年 9 月他就要到加拿大的英屬哥倫比亞大學（University of British Columbia，UBC）開始他的大學生活。這筆資金足以讓他安心上學。之後，交到兒子手中的這個帳戶一直維持原有投資策略，也一直在持續增值中。

兒子不需要每天打探消息，更不用追高殺低，這個投資帳戶的報酬率竟然跑贏了絕大多數經驗豐富的經理人或投資老

鳥。我幫助兒子實現財富的保值增值，十年內就攢夠出國留學的基本學費，成功進入自己夢想中的大學就讀。這樣一個實際例子足以說明，只要利用簡單的指數基金投資組合，就能實現一些重要的人生「小目標」，投資理財確實能讓生活大不相同。

∷ 投資「基金」常見的誤區

在這個過程中，我發現不少投資人在投資指數基金（Index Fund）**1** 時會有一些錯誤的觀念，例如：

誤區 1：投資人過於短視，希望今天種樹，明天便乘涼。 其實，在股市長期看漲的前提下，短期波動往往超大，明顯特徵就是熊長牛短，這往往讓定期投入資金的投資大眾備受煎熬。反觀兒子的投資帳戶是在 2010 年開設，我每年都把當年的紅包錢不擇時間地投入其中。

然而 2010 年至 2014 年，股市經歷的是長期熊市的狀態，每年投入的資金不見得有多大的績效，直到 2014 年年初，投資組合更是明顯出現虧損。兒子更多次向我表示這是一次失敗的投資，要求撤出資金……。雖然根據多年的投資經驗，我堅信股市不會永遠低迷，但也為長期的低迷市場感到煎熬，於是

忍無可忍地決定暫停一年投入資金。

結果，暫停投入資金的那一刻，恰巧正是市場見底時，更幸運的是，我因僅僅停止新增投入資金，原本累積幾年的成本終於在牛市中，成功迎來報酬率翻倍的豐厚回饋。

誤區 2：認定這是典型的「懶人理財法」，只需傻傻買進即可。 要知道，指數型基金追蹤的標的是指數，往往是接近 100% 滿倉的，而我們不可能單靠基金經理人針對市場走勢的分析，便倉促決定持股配置。換言之，堅持指數基金投資策略，你就必須摒棄「懶人理財法」的想法，分析市場估值並根據市場估值的高低來擇時進入或退場，這才是成功投資指數基金的關鍵。

儘管市場漲跌反覆，但總體而言還是處於相對低點。因此，以指數基金組合投資的形式來「做多」是非常合適的選擇。而在把投資帳戶當作「成人禮」移交給兒子之後，我也就把管理權交給他了，自己只提供跟蹤指導，配合兒童財商教育，以「扶上馬、送一程」的方式來帶他走過一次完整的牛熊週期，讓他學會透過指數型基金，有效實現財富的保值與增值。

對於中產階層而言，如果努力工作、量入為出地累積一定

的財富，並在投資理財方面適度進取，透過滾雪球的方式加快
財富增值的速度，這個致富的夢想也是有可能實現的。

---

1. 或稱指數型基金，屬於被動式管理的共同基金，其主要模式就是挑選一個可
　獲利的指數，其次是挑選一個跟蹤此指數誤差小的指數基金。

| 1.2 |

你不理財，財不理你——
我為何要學投資？

理財的目的不是發財致富，而是妥善守護自己辛苦獲得的財富，讓它經得起經濟與金融市場的潮起潮落，實現保值與增值的目標，為自己今後的富足生活提供保障。

而如果不能實現有效理財，長期的通貨膨脹就會把先前累積的財富稀釋掉。而透過投資理財，我們更可以實現以下三大目標。

基礎目標：跑贏通貨膨脹

　　說起物價上漲的速度，一般會用「消費者物價指數」
（Consumer Price Index，CPI）來衡量，這是衡量消費商品及
服務專案的價格水準隨時間而變動的相對數字，在經濟學上，
這是反映與人民生活有關的產品及勞務價格統計出來的物價變
動指標，以百分比變化為表達形式。

　　「消費者物價指數」是衡量通貨膨脹的主要指標之一，
統計調查的是社會產品和服務專案的最終價格，與人民群眾的
生活密切相關，同時在整個國民經濟價格體系中具有重要的地
位。它是進行經濟分析和決策、價格總水準監測和調控，以及
國民經濟核算的重要指標。

　　其變動率在一定程度上反映了通貨膨脹或緊縮的程度。一
般來講，物價全面地、變化對比、持續地上漲就被認為發生了
通貨膨脹。一般定義超過只要達到3％就是通貨膨脹，若超過
5％就算是嚴重的通貨膨脹了。

　　如果我們考慮到人口結構變化帶來的勞動力報酬長期上漲
需求，以及農產品價格因供需平衡的改變而長期上漲等因素，

目前市場上反映的 CPI，就可能長期維持在高於銀行定期存款的水準；而利率水準似乎永遠追不上 CPI。在實際負利率成為常態之下，若讓自己滿手現金或存入銀行，資產縮水幾乎已成定局。

前些年，國內豬肉供應相對短缺，順勢推動豬肉價格急升，而 CPI 頓時成為「China Pig Index」（意指因豬肉在 CPI 中的權重過重，有人便戲稱 CPI 為中國豬肉指數），不少人開玩笑地說：「若不讓資產保值增值，日後我們恐怕會連豬肉也吃不起了。」事實上，豬肉價格在過去十年間漲了不只 5 倍，未來若不妥善理財，那麼財富的增值速度，恐怕還真會趕不上豬肉漲價的速度呢！

核心目標：抵抗人生中的風險，確保生活無憂

人人都希望未來的人生能夠更美好，但美好生活是需要強大的經濟實力來支撐的。例如我們希望能夠住在位處黃金地段、自己買下的房子裡，每天開著自己喜歡的車子，甚至是只要工作不順心，亦有隨時換工作的自由度……。而這一切，若

是沒有可觀的積蓄，那麼便根本不可能辦到。

　　理財的目的就是要確保自己和家人能夠過著富足的生活。而「富足」必須有一定的財富來為你撐腰。例如我們若不滿意現在的工作，能有自由退出的實力，而這種自由的背後，往往是需要雄厚的財富來支撐。

　　而多數人的財富都是透過工作或創業而來。既然所理之財是自己多年打拚累積的財富，那麼我們又怎能坐視它縮水？況且，財富增值的部分，也是日後生活來源的重要補充甚至是基本保障，我們自然必須認真看待。

　　從所處的人生階段來看，當下年輕世代多半並不在意理財，因此當透過長期工作或創業累積到一定財富時，人生往往已步入中年。我們所累積的財富是父母眼下的幸福，也是自己晚年的保障，更是子女未來的前程。

　　因此，務必管理好這些代表自己多年心血的財富，透過財富保值增值來為家人提供長期的生活保障。此外，**加強年輕人的財商教育，讓他們理財從小做起，也確實是非常必要的重中之重。**

終極目標：實現財富自由

對大多數人而言，財富自由是一場需要透過完善的理財規劃、過人的耐心、強大的執行力才能完成的投資理財「馬拉松」。

透過執行一個完善的投資理財規劃，不僅能讓財富保值增值，還能「慢慢變富」；實現財富自由，更能養成理性自律的做事習慣，進而有效控制我們的人生，藉以實現更大的價值和自由。因此在制訂投資理財計畫前，我們必須做到以下兩點。

∴ 合理的投資報酬率

許多人都知道，投資理財的正道應該是透過適當的資產配置，取得與承擔的風險相匹配的合理報酬，避免把所有雞蛋都放在同一個籃子裡。然而實際上，能夠真正做到知行合一者並不多，因為大家都有戰勝市場的情結，都覺得自己比其他人更厲害，能夠取得比市場平均水準更高的報酬率，但孰不知，大家不過就是一般普通人罷了。

想要真正「善用」理財來實現富足人生，其實非常不容易。

我為何這麼說？

因為投資理財是一項違逆人性的事業，畢竟人們總是追求高報酬，希望實現快速致富的夢想；然而真正可以持續進行的富足，其實來自財富的持續且等速地累積。成功的理財要求我們必須「量入為出、量力而行、開源節流」，而這又與人們希望的「隨心所欲、揮灑自如」的生活狀態背道而馳。財富保值增值的基本原則是「資產配置、分散投資、跟隨市場」，但人們習慣追求的卻又是「孤注一擲、集中火力、打敗莊家」。

在實踐投資理財的計畫時，人們追求的財富目標與實際取得的結果，兩者往往大相逕庭。以投資股市為例，每年若能有 5 倍獲利，這已是許多投資者的願望，然而真能實現五年獲利倍增的投資者，其投資功力往往已能與公認的「股神」巴菲特較量了。

投資理財是一場「馬拉松」，一次或幾次的衝刺並不能解決根本問題。投資理財的最終目標是財富長期的保值增值，而同一種資產類別階段性的超額高回報，往往意味著後面一段時間的低報酬，因為無論任何一種類型的資產報酬率，長期而言就是一個平均值。簡單說就是朝三暮四，如果早餐吃多了，晚

餐就要少吃點，又或說是寅吃卯糧，前期若透支未來，後期便須勒緊褲腰帶還債。

我因工作關係，長期與富裕人士打交道並討論投資理財的話題，私下觀察到他們對理財的看法，總結出有以下兩個共同特徵：**一是預期報酬率高（勉強可接受 15% ～ 20% 的年化報酬率）；二是資產配置很簡單（房地產為主，一小部分是高獲利投資商品）**。未來，如果他們持續以這樣的「姿勢」奔跑，就很難躲過各種理財「陷阱」。

至於如何才能避免掉入形形色色的理財「陷阱」中？這其實並不需要太高深的學問，只需堅守以下這些自己不一定接受，但卻相當實用的常識即可。

1. 穩定的獲利（目前設定為 10% 或更高……），肯定伴隨著高風險。 試想一下，國內 GDP 的年增長率預期是 6.45% 左右，作為各行業精英的上市櫃公司總體平均資產收益率只有 5% 左右，因此若有逾 10% 的投資績效，這個成果實屬難得。畢竟投資人若可取得逾 10% 的穩定報酬率，這根本就意味著借款人以逾 10% 的成本獲得資金，須知投資報酬率低於資金成本，這顯然是無法持續的。

2.資質若普通，那麼好東西絕不會輪到你身上。憑什麼取得比他人高的獲利卻不用承擔風險？一旦得到彷彿是天上掉下來的餡餅般的好東西，我們就要琢磨一下，這麼好的東西為什麼偏偏讓你得到了？這真不是一個圈套嗎？

3.世上沒有無緣無故的愛。作為富裕人士，身邊從來都不乏主動上門推薦「必漲股票」、承諾「高報酬」、傳授投資「必勝祕笈」、推銷「最佳產品」的各色人物，這群人看中的是我們透過辛勤勞動而累積的財富，請務必小心。

∷ 透過「複利」來實現目標

如果投資理財的預期報酬率並不高，那麼我們還能夠實現財富保值增值的目標嗎？

能！

不但能實現財富保值增值這樣的「小目標」，還能讓我們「慢慢變富」，走向財富自由，而這依靠的就是「長期複利」的魔法。

在深入分析投資的複利魔法之前，容我先跟大家分享一個故事。

古代印度有一個國王，他與某位老人下完國際象棋後，滿意地對老人家說：「您給我帶來了無窮的樂趣。為了獎賞您，我現在決定，您可以從我這裡得到任何自己想要的東西。」

　　老人慢條斯理地回答說道：「萬能的王啊！您雖然是世界上最富有的人，但恐怕也滿足不了我的要求。」

　　國王皺起了眉頭，嚴肅地說道：「說說您的要求吧！哪怕你要我的半個王國，我也會滿足您。」

　　於是，老人說出了自己的要求：「請國王下令在棋盤的第一格上擺放1粒小麥，在第二格上擺放2粒小麥，在第三格上擺放4粒，在第四格上擺放8粒……。就這樣，每增加一格便增加一倍的小麥數量，一直到第六十四格為止。」

　　「您的要求就只有這麼一點點嗎？」國王不禁笑了起來。

　　他立即命人取來一袋小麥，按照老人的要求在棋盤上擺放小麥。一整袋的小麥很快地就用完了，國王覺得很奇怪，立刻命人再去取一袋來。緊接著，第三袋、第四袋……小麥已堆積如山，但是卻離第六十四格還很遠。

　　最後，國庫裡的小麥已經搬空，但卻依舊只放到了棋盤上的第五十格。

這個故事描述的就是投資理財的「複利」魔法。

複利效應的確很有魔力，對於複利的計算，曾有一個簡易算法叫做「72 法則」，就是用 72 除以年化報酬增長率，就可以得出資金翻倍漲的時間。假如我們拿 1 萬元投資基金，每年賺 20%，那麼大約需要三年半的時間，我們的 1 萬元就會翻番成 2 萬元。依次類推，如果我們足夠長壽的話，整個世界的錢可能都是我們的了。

然而，如果只是區區萬把塊錢本金加上足夠的耐心，就能讓我們變成千萬富翁，那麼為什麼身邊的千萬富翁，人數還是遠遠不如一文不名的窮人多呢？這問題就出在「20%」身上。有些人可能認為報酬率達到 20% 沒什麼了不起？坊間有很多理財專家也表示，投資股票基金便可輕鬆達到這個獲利標準。然而我們真得可以輕鬆讓財富實現每年 20% 的增長率嗎？

其實，20% 的年化報酬率是難以實現的。試想，各主要經濟體的國內生產毛額（Gross Domestic Product，GDP）長期增長速度遠低於 20%，公司業績的長期增長速度也達不到這個水準。就大宗商品而言，通貨膨脹率根本不可能長期維持在 20% 的水準，物價又怎麼可能長期維持 20% 的年增長率？如果每

一個資產類別的長期年化報酬率都難以達到 20%，那麼構成配置組合又怎麼可能達到？

或許有人會說：「20% 的平均年化報酬率，不就是某檔股票的一個或兩個漲停板而已！」許多人懷抱著實現財富管理取得超額回報的理想，帶著金錢和激情衝進股市廝殺。然而長期在股市奮戰的投資者都知道，結果往往事與願違。

還是讓我們冷靜下來看看現實吧！

那位讓所有投資大眾仰慕不已的「股神」巴菲特，在其親自管理的企業波克夏‧海瑟威（Berkshire Hathaway），四十多年來經歷了多個週期的起落，其管理績效也不過就是 19.4% 的年化報酬率。

那麼，我們試著把年化報酬率降到 10%，再根據複利計算法中的「72 法則」，設定讓資金每七年會翻倍漲。那麼假設我們現在三十五歲，開始個人財富管理，並以 100 萬元作為資金，二十八年後，當時的財富翻漲四倍來到 1,600 萬元，再加上新累積下來的財富也不斷加入來「滾雪球」。如果假設通貨膨脹不失控，那麼財富的增值便足以令我們安享晚年了。

儘管我一再反覆強調，請大家不要妄想一夕暴富，畢竟

若以追求迅速致富的目的來理財，就很可能會掉進各種投資陷阱中。然而，靠長期複利的魔力，加上處於國內經濟依然以中高速增長的背景下，實現財富保值增值只是一個小目標，實現「慢慢變富」也是完全有可能的。

因此，只要確定自己具備以上兩個要件，我們就可以開始制訂投資理財規劃了。

如何正確地投資理財

$ 第一步：認識自己，走上理財最佳之道

$ 第二步：避免誤觸投資地雷與陷阱

$ 第三步：理財如下棋，資產配置大閱兵

$ 第四步：步步為營穩健提升，邁向財富進階路

| 2.1 |

第一步：
認識自己，走上理財最佳之道

　　我在本書第二章分析過，投資理財首先需要建立合理的預期報酬，然後再依靠長期複利的魔法來實現目標。而每個人的具體理財目標與預期報酬都不一樣，因此，投資理財應走的具體路徑也不盡相同，最適合自己的理財之道才是最好的。而在找到最適合自己的理財正道之前，我建議的做法是，首先要瞭解自己的財富情況（本金）和剛需（支出），以此訴求來計算出可供投資理財的收入多寡。其次要瞭解自己的理財風格（保守／激進），願意投入多少時間，以及想要達到的理財目標。

究竟我們應該如何全面瞭解自己的財富管理需求、投資理財偏好與風險承擔能力呢？我接下來將先從風險評估開始說起。

　　相信大家無論開股票投資帳戶，還是透過銀行帳戶選購基金，肯定都填寫過風險評估問卷。說起風險評估的內容，其中包括自己及主要家庭成員的年齡、職業性質、健康情況、現有資產總額、預期收入以及對資金需求的期限等客觀因素。而上述這些客觀因素，正好決定了我們在投資理財運作中，能夠承擔多大的風險。同時，我們需要評估自己的風險偏好（意指心理上能夠承受多大的潛在損失）、偏好的投資品項好等，這些主觀因素往往決定了我們在理財中承擔風險的意願。

　　有趣的是，客觀因素與主觀因素，兩者在評估後經常會出現結果迥異的情況，例如有些人客觀上能夠承擔投資風險，但主觀上卻非常不願接受會有一定風險的投資。而有些人收入微薄且家庭保障脆弱，客觀上看似根本無力承擔投資風險，但主觀上竟卻願意在高風險的理財領域放手一搏，甚至美其名曰「在股市中賺取買菜錢……」

　　在客觀因素與主觀因素評估結果不一致的情況下，我們

應當做出的選擇是，如果客觀因素評估的風險程度高過主觀因素，那麼便跟隨較低的主觀因素風險度來制訂投資理財規劃；反之若主觀因素評估的風險度高於客觀因素，則跟隨較低的客觀因素風險度來規劃投資理財模式。

這就是投資理財實踐必須遵循的「謹慎原則」。至於如何才能做到「全面客觀分析」？我們且看以下幾則案例的分析來徹底瞭解。

案例 1：有效籌措、配置買房資金

小冰和君君兩人都是上班族，計畫明年春天結婚，雙方父母家境一般且都已退休，身體還算健康。

兩家人分別為小倆口盡力籌措贊助了一筆買房的頭期款。兩人傾其積蓄加上雙方父母的贊助，剛好湊夠 500 萬元的首付款，準備要簽約購買早已看中的房子來作為新房。然而房價最近開始反彈，當時報價 1800 萬元的房子，現在要 2000 萬元了，要準備 600 萬元的頭期款才能簽約。

小倆口鬱悶之餘，覺得目前股市看漲，何不乾脆把握機

會，把這筆資金投入股市搏一搏？心想若能在短期內賺到100萬元，理想中的新房不就可以順利到手了？

結果真的可以這麼順心如意嗎？

其實從客觀因素上來看，雙方主要家庭成員年齡（父母年事已高）、健康情況（雙方父母健康狀況一般）、現有的資產量（傾囊而出還不夠首付）、收入預期（普通上班族）、對資金需求的期限（明年結婚），上述種種均不允許他們執行這種高風險投資。而主觀因素上，他們希望且願意承擔風險，渴望透過投資股市來獲取短期高收益。

從本案例來看，承擔風險的主觀意願遠高於他們的客觀能力，根據投資理財實踐必須遵循的「謹慎原則」，投資股市顯然是不合適他們的。畢竟實際上，股市風險高，萬一虧了，頭期款估計就是打水漂了。而且由於他們並無其他資產能夠彌補可能出現的損失，此舉不僅會讓小家庭的財政狀況出現問題，年事已高的父母日後所要依賴的保障，也會因此消失……。

股票是一個必須長期執行的投資領域，短期波動常會超出一般人的預測範圍。即使股市目前持續牛市看好，小冰和君君

買入的股票也未必能讓他們在明年春天前如願取得回報。如果在他們投入後，股市風雲突變，進入所謂的中期調整，而幾個月後他們又因資金需求必須結束這項投資，那麼他們便很可能得要「在黎明前上斷頭台」了。

而且，在如此可勝不可敗的窘境下執行這種高風險的股市投資，兩個年輕人在忙碌工作、籌備婚禮之餘，還要為股市的波動而焦慮，實為捨本逐末。

其實，小冰和君君可以考慮其他辦法。例如購買銀行推出的低風險理財產品，其年化報酬率約為 5%，那麼他們手裡的 500 萬元，每年可領回的現金回報為 25 萬元，接著只要自己再稍微貼補一點，一樣可以租到同樣價值 200 萬元的房子。而由於手邊有這 25 萬元的穩定回報用來補貼房租，每月的實際房租支出負擔不重，兩人肯定會比起當「房奴」過得更輕鬆、幸福。

但如果他們非要買房才肯結婚，那麼也可以改買一個坪數較小一點的房子。俗話說「金窩銀窩，遠不如自己的狗窩。」小坪數的房子同樣能為兩人帶來幸福生活，豈不更好。

案例2：彈性掌控日常消費開銷

張生和小李雙方家庭都非常富裕，婚房已備妥。兩人打算明年舉辦婚禮，甚至還早早地便募集了一筆舉辦婚禮的基金結婚。但為了不讓資金閒置，再加上目前股市看漲，張生於是決定將資金暫放在股市中，認為如果幸運地能夠賺上一筆的話，明年的婚禮就能夠再辦得更體面一些……。

如果妳是小李，妳會支持他嗎？

當看過案例一再回答這個問題時，很多比較「專業」的讀者可能很快地就能給出答案：「當然不支持，因為他們明年就要使用這筆資金，萬一不小心虧了，這婚到底還結不結……？」這種回答似乎有理有據，但不一定正確。大家可能並未仔細分析，張生和小李的這筆錢只是用於舉辦婚禮的錢，屬於彈性較大的資金，不像【案例1】中的小冰和君君，他們是必須把500萬元花在「剛需」上的投資，投入股市後即便虧損，大不了就是婚禮辦得節儉一些便罷，甚至還可以向雙方家長「預支」一下來因應。

也就是說，他們顯然是有能力承擔股市投資風險的人，再加上他們也有意願去冒險，因此把這筆資金暫放股市中，確實沒有什麼不妥。那麼，我們在管理自己的財富時，該如何配置好資產呢？

　　首先**一定要瞭解自己，充分瞭解自己的財富目標、自己的現有財富，從而找出實現財富目標的不同路徑，再根據自己的風險承受能力，選擇相對合適的路徑。**

| 2.2 |

第二步：
避免誤觸投資地雷與陷阱

　　隨著國人薪資水平快速增長、財富迅速累積，物價指數跟著節節攀升。投資理財成為新的「剛性需求」。然而國內的金融體系與機制仍有待完善、投資大眾的正確理財理念亦有待建立，這便導致社會上出現一些缺乏誠信、習慣詐欺的理財灰色地帶，形成許多駭人的投資陷阱與地雷，投資大眾一不小心便會深陷其中，遭受重大損失。

陷阱 1 | 相信「天道酬勤」，頻繁操作

我們都知道勤能補拙，然而對於投資理財，這卻是「天道不酬勤」的。過去十多年來，很多人在房地產市場獲利頗豐，但轉戰到股市，情況便大不相同了。股市雖然大起大落，但總體上依舊有明顯上漲，然而即便如此，市場上依舊少見投資者因此取得可觀的回報。追究其原因，主要是投資者頻繁進出買賣所致。

國內股市活躍，熱點轉換較為頻繁。基於投資報酬率最大化，有不少投資者因熱衷於預測短期漲跌、追逐熱點，進而採取波段操作，即在大型權值股啟動前全部持有該類股的股票，當熱點轉到中小型個股時又全盤投入。他們在應對不同類股票的投資機會時，竟做出同樣的判研和操作，此舉實在矛盾。另外，在資產配置上也努力做到：行情上漲時，100% 投資股票；行情下跌時，100% 持有現金。

從表面上看，上述操作可謂近乎完美，確實能實現投資報酬率最大化的目標。然而實際上並不是這麼一回事！相關資料清楚揭示了一個殘酷的事實：即使碰上好機會，投資虧損者依

舊佔大多數！若再碰上不景氣，投資結果更是慘不忍睹。

美國有一份精心研究波段操作但未出版的報告，其中斷定若投資經理人進行波段操作，在計算錯誤並加上成本後，投資經理人對市場的四次預測中，必須有三次正確的，這樣一來，他的投資組合才能損益相抵。另一份研究報告則研究了美國一百檔退休基金及其波段操作的經驗，發現所有退休基金都進行過波段操作，但竟沒有一檔基金能夠單靠波段操作來提高投資報酬率！而這一百檔退休基金當中，只有八十九檔基金因為波段操作而虧損，也就是在短短五年內，平均虧損率便高達了4.5%。

波段操作為何不容易提高投資績效呢？

因為把握波段失準是機率極高的事件。而波段的真正確認往往都是在事後發生的。舉一個例子，在上一輪全球金融風暴中，花旗銀行的股價先從 50 美元一直跌到 1 美元以下，然後很快反彈至 4 美元，市場上有不少人說：「當股價在 1 美元時我先介入好了，做一個波段也行。」然而從機率上看，當股價在 4 美元以下時介入並堅持獲利的機率，比在股價從 50 美元降到 4 美元的過程中介入並堅持到現在虧損的機率，結果其

實要小上許多！因爲若要介入，往往在股價降到 4 美元之前就已介入了；而想要等的，往往也會在股價降至 1 美元時，還在傻傻等待。容我順便提醒一句，花旗銀行後來實行股票的合併（十股合併成一股），等到 2022 年年初股價約爲 65 美元，相當於合併前的 6.5 美元，這離發生金融風暴前的高價，價格還遠著呢！

雖然股市表現長期來說是肯定上漲的，但投資者頻繁的主動操作，恰好容易使其錯過漲幅最高的那幾天……。我們發現，在剔除掉漲幅最高的幾天後，指數的報酬率將會大幅度下降，甚至出現負收益。這從美國市場上便可得到很好的驗證。

我們選取過去股市相對平穩的十年期（剔除 2007 年後市場大起大落的資料）來分析，標準普爾 500 指數（Standard & Poor's 500）在 1997 年至 2006 年這十年間，平均複合報酬率爲 8.42%，如果投資者錯過這十年間，表現最好的五天，那麼其平均複合報酬率僅爲 5.67%；若錯過十年間表現最好的十天，平均複合報酬率更會顯著降至 3.42%。許多投資者每天在股市中忙忙碌碌，一年下來，實際報酬率不高，所以，該好好反省一下自己的「勤勞」了。

::: 「價值」投資，「股神」致勝心法

大家或許仍會說：「巴菲特推崇的『價值』投資法，其實只適用於美國市場，對於亞洲市場而言並不合適。」其實不然。

巴菲特投資比亞迪就是一個成功的例子。巴菲特在 2008 年 9 月透過中美能源控股公司（MidAmerican Energy Holdings Company）**1** 以每股 8 塊港幣的價格買進比亞迪 2.25 億股的股份，約佔比亞迪總股份的 10%。巴菲特表示，他看中的是比亞迪這家全球電池業巨頭在發展電動汽車方面，擁有其他汽車廠商所不具備的優勢，他同時更看好新能源汽車未來的發展趨勢。巴菲特堅守比亞迪十多年毫不動搖，儘管期間經歷中國股市兩輪的牛熊週期，比亞迪的股價也出現多次起落。質疑巴菲特投資眼光的說法更是此起彼伏，但他堅守「價值」投資的信念，截至 2022 年年初的投資報酬率已達 20 倍以上，這項投資成為「股神」一生的最佳投資項目之一。

投資理財的一個重要關鍵是「懶於行動」，盡可能減少交易與操作，同時勤於讀書與思考，培養從容淡定的投資心態。事實上在我所認識的人當中，習慣每天在股市、匯市、期貨摸爬滾打和追漲殺跌者，從無一人因此致富。相反地，在過去十

多年間，不論淡定長期持有好公司股份的人，還是堅守一線城市好地段房子等優質資產的「無為」投資者，往往更能輕鬆取得超額回報。

其實，我們大可不必每天盯盤、打聽內幕消息、頻繁進出買賣，只要改以淡定的心態，從容選取一籃子穩健經營、具備一定成長潛力的「好公司」股票，再透過合理價格買入並長期持有，其實就可以輕鬆獲利。如果希望透過自己在市場中頻繁買賣來獲取超額回報，也就是想從市場上的其他參與者身上賺錢，結果往往事與願違，只能拿回「疲憊與焦慮」。

陷阱 2 ｜投資人聰明卻反被「聰明」誤

投資理財成功的方法其實很簡單：低買高賣。那為什麼到了股市就行不通了？大家都知道股市有「七虧二平一盈利」的定律，但遵循這個定律並成功做到的投資者，寥寥可數！

何至於此？

因為投資者都太聰明了。

很多自認聰明的投資人都會把「在別人因恐懼而拋售時買

入，在別人因貪婪而買入時賣出」這句話掛嘴邊，但能真正執行的人寥寥無幾。實際上，大家在市場低迷時，往往會想等更低價時再買，在市場高漲時也會想等更高價時再賣，也就是因為自認聰明，覺得自己能準確猜測市場漲跌，而非完全按照投資規律或價值來投資。

且讓我們先重溫一下經典電影《阿甘正傳》（Forrest Gump）裡的主人翁「阿甘」的故事吧！

阿甘出生於二次大戰結束後不久的美國南方阿拉巴馬州一個閉塞的小鎮，先天智障，智商只有75。但上帝並未放棄阿甘，不僅賜予他一雙疾步如飛的「飛毛腿」，還賜給他一副單純正直的頭腦。在學校裡，阿甘與金髮女孩珍妮相遇，他記住珍妮說過的一句話「遇事第一時間就『跑』……」之後，阿甘開始了一生不停地奔跑，跑向了財富自由。

在中學時，阿甘為了躲避別人而跑進了一所大學的橄欖球場，就這樣被大學破格錄取，並成了橄欖球巨星，受到總統接見。在大學畢業後，阿甘應徵參軍。在一次戰鬥中，他所在的部隊中了埋伏，他堅持「遇事就跑」，結果不但保住性命，且

因救了許多戰友而成了英雄，再次受到總統接見。

後來，他服從命令作為美國乒乓球隊的一員，來到中國參加乒乓球比賽，為中美建交立功。之後，他以其單純正直碰上了一系列機遇：他教「貓王」艾維斯・亞倫・普里斯萊（Elvis Aaron Presley）跳舞；幫約翰・藍儂（John Winston Ono Lennon）創作歌曲。

最後，他在「說到就要做到」信條的指引下，到犧牲的戰友的故鄉捕蝦，颶風當前，同行紛紛逃散，阿甘卻毫無懼色⋯⋯結果，溜之大吉的同行的船幾乎全被打爛，頂風而上的阿甘的船經受住了颶風的襲擊。他也因此成了一名企業家，成了富翁⋯⋯之後，他更是買入大名鼎鼎的蘋果公司股票，從此真的不再需要為錢而發愁了。

阿甘的成功之道非常簡單：單純正直、知行合一、心無旁騖、長期堅持。

如果讓《阿甘正傳》裡的主人翁「阿甘」來投資股市，他會如何做？雖然不擅長預測市場起落，但他肯定明白投資「低買高賣」的原理。並再所有人蜂擁而入之際，牢記珍妮說過的

話，「遇事就跑」，全部賣出而撤退。

那麼到了 2020 年，由於疫情而導致全球市場大幅下跌，「阿甘」又會如何做？如果我們讓他看到，股市無論是週期趨勢還是估值水準，兩者都處在值得買入的低位上，認死理的「阿甘」肯定會立馬進場，而「自作聰明」的投資者則會使勁猜著底部的點位，測著抄底的時機，畫著可能的 K 線……。

投資者其實都太聰明了，但可惜聰明反被聰明誤。「低買高賣」的投資常識本就簡單，但人性的「自信」、「貪婪」、「恐懼」等弱點讓他們「化簡為繁」，往往在實際操作中變成了「高買低賣」。

結果當然是適得其反。

「阿甘」投資「蘋果公司」而實現財富自由的前提是，他的情緒能不為短期的漲跌所動，因此在遇上了好公司時，他能做到心無旁騖地長期持有好公司股票。

巴菲特曾經說過：「假如我們的 IQ 有 160，那麼請把其中的 30 都賣給別人吧，因為投資用不著那麼高的 IQ。我們需要的只是適合的氣質。我們要能夠擺脫他人的觀點對自己的影響。」成為成功的投資者，需要的並不是過人的聰明才智，而

是「阿甘」所具有的「單純正直、知行合一、心無旁騖、長期堅持」。當然，如果能學巴菲特，把長期的投資理財回報提升一下，那麼我們可以用更短的時間實現財富自由的「小目標」。

我們該如何學習巴菲特呢？

陷阱 3 | 頻繁進出「炒股票」，謝絕投資績優股

「股神」巴菲特的老搭檔查理‧蒙格（Charles Thomas Munger）曾經表示，和美國股市相比，中國股市存在的機會要大得多，一個出色的漁夫肯定可以在中國找到更多大魚，中國是一個讓人心情更愉悅的好漁場。巴菲特則直接指出，我們有這樣一個機會，但沒有約束整個市場發展的準則，中國股市作為新興市場，因全民參與而會變得投機，但投機是一種不太聰明的做法。

國內許多投資者表面上尊崇巴菲特，實際上卻拒絕成為巴菲特！他們紛紛表示，巴菲特的投資方法不適合中國。

實際情況如何呢？

巴菲特旗下公司波克夏‧海瑟威（Berkshire Hathaway）

投資過比亞迪和中石油（China National Petroleum Corporation，CNPC），並且都獲得了豐厚回報。在巴菲特參與投資中石油時，國際市場並不看好中石油，股價乏人問津，但巴菲特逆風投資，分批多次買入，其最終手中持有中石油股票總量超過 23 億股，佔總股本的 1.33%。以當時每股 1.7 港幣的買進價格計算，股價淨值比為 1 倍，本益比為 8 倍，股票的配息率（Payout Ratio）為 6%。五年後市場火熱，他在港幣 11 ～ 15 元的區間內連續賣出中石油股票，賣出時以平均賣出價計算，股價淨值比約為 3.5 倍，本益比約 17 倍，投資總收益為 720%，年平均複合收益達 52%。

事實證明，巴菲特的「價值」投資法用於投資海外企業同樣可以獲利。但為什麼國內許多投資人卻只能在股市中收穫「疲憊與焦慮」？原因在於，**巴菲特實踐的是「投資好公司」，而多數投資人只是「炒股票」**罷了。其實，投資人所熱衷的「炒股票」，其實只是先把價值 1 元的商品推升到 10 元、100 元甚至更高，然後再來比誰逃得更快。

這是一場博弈遊戲，而巴菲特實踐的「價值」投資法，就好比先以 5 元或更低的價格買入價值 10 元以上的優質資產，

然後與優質資產一起長期增值。「投資好公司」是指精心「選」擇前景看好的產業內的績優股，耐心「等」價格合理時買入並長期堅「守」。「炒股票」就是每天看Ｋ線、聽消息、追概念股、買賣股票。前者能長期實現財富保值增值，而後者只有除了收穫「疲憊與焦慮」以外，其他一無所獲。儘管一直存在種種「成長中的煩惱」，但以經濟高速增長為背景的股市，依然沒有少給投資大眾獲利的好機會。

我一直規勸大家「要投資好公司，不要炒股票」。

為何如此？

請容許我舉一個農夫種莊稼的例子來跟大家說明吧。

要有好收成，首先必須選好種子，等春天時播好種，然後等苗長出來，定期澆水、施肥防蟲害，最後到金秋季節就會有收穫了。哪有播種好頻繁換種子，苗長出來又經常換地，甚至見它長得慢就去揠苗助長的？種莊稼的常識大家都懂，但放在股市投資時，為何大家就把常識拋諸腦後了？

很多投資者會問，接下來的股市怎麼走，我會說：「我並無預測能力，也不認為有誰能預測短短幾個月的短期走勢。但可以預測的是，大環境相對高速增長，而在這樣的背景下，投

資好公司是能夠帶來獲利的。」投資好公司才是投資者實現財富保值增值的投資理財正道。

所以，**若想效法巴菲特，請不要「炒」股票**。

陷阱 4｜熱衷找尋速成祕笈，不練基本功

長期從事金融行業，我經常發表專欄文章介紹投資方法和策略，其中也不乏如何判斷公司價值和長期投資時機的經驗（包括教訓），以及對投資市場（如股市等）中長期的走勢做方向性的判斷。然而我收到許多讀者的回饋是，「不要說一大串理論和方法了，告訴我明天哪檔股票會漲！告訴我現在買什麼可以賺錢吧！」

基本上作為普通人，我無法回答這些看來只有上帝才能回答的問題。不少讀者一定反駁：「能預測股市大勢和個股漲跌的人多的是。市場上的『看盤大師』、『民間股神』、『投資高手』多著呢！我選個靠譜的就行了。」的確，我的手機每天都會收到不少「詐騙」訊息，也有各種不同形式的陌生電話，聲稱能為我所持有的股票「義診」，告知明天會大漲的類股。

不過即便如此，還是先讓我們一起看看下面這個故事之後再說吧！

我是一個擅於預測股票走勢的「專家」。

第一周，我向 640 名投資人發出一封預測股票走勢的訊息，其中一半預言會漲，另一半則預判會下跌跌。一周後，有 320 名投資人收到正確預言，我又把已收到正確預言的人分成兩組，給其中一組人發出預測上漲的訊息……

以此法堅持六周以後，有十人已連續六周收到我始終預測正確的訊息，這時候，我已成為真正的「股神」！

這時我想，自己應該可以再給這十個人發一封訊息：「你們已連續六周收到正確的預測，若想知道下一波的股票走勢，那麼請轉帳 10 萬元給我。」

在上述故事中，這位「股神」顯然就是一個騙子。他的詐騙技巧並不高明，但為何始終有人上當？這是因為投資者人性中的貪婪，導致其失去基本的判斷能力。成語所說的「利令智昏」，指的就是這種現象。大家都是精明之人，可是一旦進入

股市，往往就會因為昏頭而盲從了。

∴ 投資者的「股神」情結，害人害己

　　其實，這個故事的邏輯很簡單，陌生人推薦一個「必漲的股票」給你，但天底下哪裡真有這樣的好事？真有善心入會主動送錢到你的口袋裡？若有，那麼大家都可以輕鬆變富翁！而且，這些「股神」真能預測股票何時漲跌，那他們早就成為與比爾‧蓋茲和巴菲特比肩的富翁了，哪還犯得著到處推銷和詐騙？一心想跟上「股神」步伐而發財的投資人，就像急功近利的習武之人一樣，希望能夠達到百戰百勝、天下無敵的最高境界，但卻又不認同「習武要從練基本功開始」，只想要高人傳授「秘笈」。

　　這顯然是不現實的。

　　儘管市場上熱銷的都是「股市百戰百勝」、「戰勝莊家」、「戰牛鬥熊」等鼓勵大家在股市發財的炒股「秘笈」，我身邊有很多肩負十～二十年投資經驗的老鳥，卻找不出誰是真正透過股票投資實現創富的。我認識的曾被稱為「股市高手」者也不少，但其結局不外乎因拿了不該拿的錢而跑路不歸、被貪念

支配不可自拔最終陷入牢獄、因槓桿爆倉而變得一文不名。

　　投資大眾通常都有「股神」情結：一是希望自己成為「股神」，二是退而求其次追隨「股神」。然而股市發展多年的歷史告訴我們，無論是專業還是業餘的投資人，都無法成為百戰百勝的「股神」，因為這個市場上本無「股神」的存在⋯⋯。即使是專業的分析人員，也不可能準確預測市場和個股的短期走勢。市場中有許多專家，把精力放在預測和判研買進和賣出的時機上，然而其成功機率非常低。

　　所謂的基於各種觀測指標之上的技術分析，雖然貌似專業，但都只能用來事後解釋已發生的市場走勢，鮮少有人能夠正確預判短期未來市場的走勢。若你不信，請找來一段時間（如三個月）的證券報刊，對照一下專家的技術分析和市場的實際走勢，比較一下各知名機構的「推薦」與其後的實際表現，便能知道技術分析是何等不靠譜了。

　　此外，除了以上四個陷阱，還有一不小心踩到就會爆炸的六個地雷需要躲避，且讓我們繼續往下看。

地雷1│受「高獲利」誘惑，誤入「詐騙」平台

在經濟增長速度較前期放緩的新常態下，隨著對金融行業監管的加強，資金面不再寬鬆，這些靠不斷募資來支撐的「財富管理」平台依然是會出事的。許多「財富管理」平台實際上是控制「人」的融資平台，這些平台首先透過承諾吸引人的固定收益募集資金，然後把募集到的資金投向各類非標準化的債權、項目、地產、即將掛牌的未上市公司股票上。因為募集資金的成本高，如果進行穩健投資，獲得的報酬率則無法覆蓋成本，所以平台選擇鋌而走險，投資高風險而流動性差的項目，隨著時間推移，高風險投資的風險會提高，募集資金的本息兌付將更難實現。

某些平台甚至並非真正在做財富管理業務，而是不斷向投資者承諾高收益來募集資金，並把募集來的資金，一部分用來對之前募集的少量資金進行還本付息，一部分則用於維持平台運營，甚至還有一部分用於個人揮霍，這就是經典的「龐氏騙局」。

要知道，隱身在「高收益」背後的，其實是各種「有毒」

資產、「垃圾」債務，而這類「有毒」資產、「垃圾」債務的發源地其實正是美國。十幾年前，隨著美國房地產價格的逐漸回落和利率的逐步上升，大量借款者無力償還貸款，以房屋貸款為基礎資產的次級債出現大範圍違約，於是引發了次級債危機，各種「槓桿」與「創新產品」更是加重了危機的傳導。這場危機不僅使許多全球知名的一流金融機構被擊倒，美國自身經濟更遭受重創，甚至引發了一場影響深遠的全球金融風暴。

∷ 見獵不竊喜，看緊錢包才是理性之舉

從 20 世紀 80 年代末 90 年代初起，美國房地產經歷了長達十幾年的繁榮，住房銷售量不斷創下新紀錄，房價也以每年增幅超過 10% 的速度攀升。特別是在 2000 年互聯網高科技泡沫破滅之後，聯邦準備制度（Federal Reserve System，FRS，簡稱美聯準或 Fed）一直保持的寬鬆貨幣環境，刺激了房地產市場的繁榮，被認為是用一個泡沫替代另一個泡沫。2006 年年初，當房地產總值達到峰值之際，美國房地產資產總值已升至 21.6 萬億美元，在家庭財產中的比例提高到 56%，而十年前的總值尚不超過 8 萬億美元。

在美國房地產價格持續上漲的拉動下，房地產信貸也在膨脹。在房地產貸款規模擴張的過程中，由於行業競爭，進入門檻的標準下修，許多原本並無資格或欠缺償還能力的投資者，輕易獲得銀行的房貸，甚至降至「零首付」的狀態，無須收入證明、資產核查，貸款人便可在缺乏資金、無穩定收入的條件下買房。低利率加上房價一直上漲，讓投資者的自信心越來越膨脹。然而當利率不斷上升，房價開始掉頭下跌時，這些透過次級貸款買房的投資者因不堪重負而違約，以次級貸款為基礎的「房貸支持證券」及以這些「房貸支持證券」組合成的「擔保債務憑證」也開始出現問題，這些不良資產加上槓桿，瞬間變成引發金融「海嘯」的大規模殺傷性武器。

　　為避免重蹈美國次級債危機的覆轍，國內監管機構近年來嚴格控制貨幣供給量（M2）的增長率，希望透過持續滅火的行動，擠出泡沫、預防爆破。同時加大對各類違法違規「理財詐騙平台」的清查與打擊力度。作為追求穩定、固定收益的風險厭惡型投資者，繫緊安全帶、看緊錢包才是理性和必要之舉。作為專業的理財專家，此時就能顯現出，專家為投資者識別風險和辨識地雷區的價值所在了。

地雷 2 ｜ 進場炒短線，新手竟恍若 F1 賽車手

　　從市場參與機構的角度看，交易量和品種的增加會令交易所增加收入、政府增加稅收、券商和期貨公司增加佣金收入。對個人而言，除了極少數既「專業」而又「輸得起」的投資者，我始終不建議以「炒作」的方式轉戰股指期貨或參與融資融券，將其作為直接投資手段。因為股指期貨和融資融券關於保證金、當日無負債結算、強行平倉等特有的交易制度並不為絕大部分投資者所熟悉，而且在交易中加 5 ～ 10 倍槓桿，風險大幅增加。個人投資者如參與其中，就好比一個駕駛新手參加 F1 大賽一樣，風險極大，難有勝算。

　　其實，股指期貨既是對沖利器也是投資工具。理論上，股指期貨市場應該具備套期保值、價格發現、投資和投機等主要功能，不同的市場參與者可根據自身需求而各取所需。對於具備實力而且有相關需求的機構而言，股指期貨不失為一種很好的對沖工具。但孰不知在股指期貨市場中，有「套期保值」需求者往往養老金、基金等主角，以純交易型的個人大戶和私募為主的一群才是配角，而這些配角的投資目的也僅僅只

求賺取差價罷了。由於配角們的交易比主角們活躍得多，因此很多時候，股指期貨在牛市時明顯「升水」（Contango 或 Forwardation），而在熊市時長期「貼水」（Backwardation）**2**，形成現貨價格與期貨價格出現「背離」，進而嚴重影響價格發現與套期保值功能。

如果「背離現象」一直持續，做多的投資者就虧大了。有的投資者會說：「我手上有合約，我願意等待市場看漲，我有的是實力來補足保證金，不怕被強行平倉。」但這其實是一個誤解。如果持續補倉買入，持續「升水」加上槓桿效應，對於做多的投資者來說無異是把現金扔進碎紙機一樣有去無回。當然，財富既不會憑空產生也不會憑空消失，在上述例子中可以看出，持續「升水」對於做空的投資者來說，就好比是發動了印鈔機一般豪氣。

一般投資人參與股指期貨交易，就好比同時開動印鈔機和碎鈔機，進場後，拿著鈔票的手肯定在顫抖，這不是我們走投資理財正道所要的感覺。**以投資來達到財富保值增值目的的投資者，不應直接把股指期貨作為投資工具**。實際上，一般投資人最終是有間接參與的機會的。我曾提過，股指期貨的推出會

帶來市場的深度、廣度的拓展和創新能力的突破，一般投資人可根據自身的風險偏好結合回報需求，在原有投資組合的基礎上增加這些創新型產品，達到優化組合的目的。

地雷 3 | 加碼融資劵，冒險染指「創富」工具

說到槓桿投資，股指期貨的兄弟方案就是股票的融資融劵交易。在此，我想把在多年來參與美國、加拿大等地融資融劵實際操作中所瞭解到的情況，與大家分享。

在美國和加拿大，融資交易的方式有兩種。一種是投資者在購入股票債劵等後，先提取現劵，然後抵押給銀行來取得貸款後再投資，其優點是融資成本相對較低，缺點是手續較繁瑣。另一種是投資者透過向證劵公司融資，擴大交易籌碼，融資交易雖然有其特殊的買賣方式，但是從交割方式來看與現貨交易基本一致。劵商對投資者的融資，與個人股票質押向銀行貸款不同，必須開立專門的信用交易帳戶，與劵商為投資者的「透支」及劵商作為仲介人的「三方協議貸款」相似。

其優缺點剛好與第一種相反。

在美國和加拿大，融券交易的方式也有兩種：一是向券商或透過券商向其他投資者借券，賣回給市場，二則是完全憑空賣空的「裸賣空」（Naked Short Selling）**3**。雖然賣空機制對於提高市價有著非常重要的作用，而且總括來說並不會引起金融危機，但即便如此依舊有例外，例如 2008 年年底金融危機愈演愈烈之際，美國曾一度擔心過度的賣空投資會導致整個金融體系崩盤，因此禁止對金融機構股票「裸賣空」，並在一段特定時間內，完全禁止投資市場「賣空」金融機構的股票。

對於一般投資者而言，以融資融券、場外配資等不同方式加槓桿試圖創富都是不靠譜的。從長期來看，股票市場的整體價格水準是向上的。一個分散的投資組合的本質是加大風險來追求高回報，而融券賣空的本質則是捕捉下跌時的獲利機會，兩者都是為了「戰勝市場」。然而市場歷史經驗告訴我們，以戰勝市場為目的進行財富管理，結果往往事與願違。當然，對於高資產淨值的投資者來說，若已根據自己的風險偏好，把大部分投資資產做好了包含不同類別基礎資產的配置，只透過一小部分資產尋找「戰勝市場」的感覺，以「心如止水」般的良好心態參與融資融券交易，亦未嘗不可。

地雷 4 ｜精品投資—價格波動大、流動性差

　　大多股市投資者在經歷虧損之際，也會懷疑股市投資是否能真正帶來長期理想的回報？先前在市場資金依然異常充裕之際，便有不少人將目光轉向例如紅酒、珠寶、藝術品，以及各種其他稀奇古怪的「另類」產品上，其基本屬性是附庸風雅的收藏品，或是提升生活品味的奢侈品。

　　在投資組合中，少量配置紅酒、珠寶、藝術品等資產，確實有其合理性。因為在市場系統性風險較大時（如經濟和金融危機壓力時期），投資組合中的權益類資產，會因股市極端下跌而大幅縮水，而這些資產與證券市場的相關性較小，有助於提升投資組合的抗系統性風險能力。

　　富人們把上述產品作為投資理財規劃的點綴，並無不妥。但對於一般投資人來說，它們的價格波動大、流動性差、估值難，如要參與，務必慎重再慎重。在日本「失去的十年」期間，大量曾經天價的「藝術品」被扔在民眾家中卻無人問津，這便是前車之鑒。另外，這些收藏品和奢侈品品項眾多，每一類都需要專業人員去鑒別真實價值。加上市面上贋品眾多，一不小

心就可能遇上。這些奢侈品、收藏品在不同程度上，亦面臨價格波動大、流動性差、估值難問題，因此也是一般投資人裡當規避的地雷區。

地雷5｜另類理財商品的「脾氣」難捉摸

投資者通常會透過買賣商品期貨合約的形式，參與大宗商品的投資，那麼商品期貨真正的功用是什麼？

在此我用一句話概括，那就是「透過套期保值操作，鎖定預期利潤。」商品價格的波動，會給商品的供應方或需求方帶來經營上的不確定性，影響現貨生產企業或貿易商的經營利潤。為此，這些機構可透過在國內外商品交易所的套期保值操作，規避商品價格波動帶來的經營上的不確定性，獲取預期的商業利潤。

當商品價格處於下跌趨勢時，商品供應方飽受商品銷售價格下跌之苦，常會出現已簽訂合同的採購原材料價格，與日後市場銷售價格出現倒掛的現象，帶來經營虧損，此時，該企業可在相關商品交易所進行賣出套期保值操作。例如某小麥進口

商簽訂從國外進口合約後，在國內相關交易所賣出小麥的電子合約，鎖定國內小麥的銷售價格，當國內小麥價格下跌時，在交易所透過轉讓電子合約獲利，以彌補國內小麥價格下跌而造成的損失，進而使小麥的進出口貿易獲得預期的利潤。

反之，當商品價格處於上漲趨勢時，現貨生產企業飽受原材料價格上漲之苦，常會出現已簽訂合同的成品銷售價格，與日後原材料采購價格倒掛現象，並帶來經營虧損，此時，該企業可在相關商品交易所進行買入套期保值操作。例如，某生產企業簽訂國內鋼材銷售合同後，在相關商品交易所買入鐵礦石的電子合約，鎖定原材料的成本，當鐵礦石價格上漲時，在交易所透過轉讓電子合約獲利，從而彌補鐵礦石漲價令成本上漲而利潤攤薄的損失。

曾聽某位遊走投資圈多年的友人說過：「大宗商品的價格，其實操縱在華爾街交易員的手中。」其實此言不虛。作為一名在資本市場摸索近三十年的投資者，在每一輪市場的漲跌週期中，我都能遇上新問題、看見新奇觀。所以，投資者期待透過投資大宗商品等另類投資理財品種來實現增加財產性收入的目標，顯然是不靠譜的舉動。

地雷6｜虛擬貨幣—美麗的死亡泡沫

　　虛擬貨幣的代表是「比特幣」（Bitcoin），儘管它在全球的經濟體量中無足輕重，但近年來的「耀眼」表現引起不少投資者的注意。其「耀眼」之處就在於其價格超常暴漲，2011 年 4 月才初次踏上 1 美元的「高價」，兩個月後就漲到了 30 美元，2012 年 2 月跌至 2 美元，之後幾經反覆，近年來又連續大漲。而進入後疫情時代，全球央行史無前例地以「大放水」來應對疫情帶來的經濟下滑，以「比特幣」為首的虛擬貨幣因價格大起大落，進而受到投資者的極大關注，到了 2021 年，特斯拉（Tesla, Inc.）執行長伊隆 · 里夫 · 馬斯克（Elon Reeve Musk）的加入更為虛擬貨幣的暴漲與暴跌，推波助瀾。

　　1 月 29 日，當馬斯克把首頁簽名改為比特幣時，比特幣價格為 3.3 萬美元。2 月 8 日，當特斯拉宣佈拿出 15 億美元購入比特幣時，比特幣價格大幅飆升至 4.25 萬美元；3 月 24 日，特斯拉宣佈支持比特幣支付，直接把比特幣價格推至 5.45 萬美元的歷史高位；4 月 24 日，當特斯拉宣佈賣出 10% 的比特幣後，比特幣跌至 5.11 萬美元；5 月 13 日，馬斯克發言表示比特幣

消耗了過多化石能源，會停止對使用比特幣支付的支持，於是比特幣進一步跌至 5 萬美元以內。

之後，比特幣開啓了持續下跌的漫長旅程……然而，絕大多數投資者都不相信它會就此沉寂，都在躍躍欲試地伺機抄底。有人認爲，比特幣是顛覆性的創新，是我們不容錯過的超級投資機會；但也有人認爲，比特幣僅僅是人類投資史上另一個「荷蘭鬱金香」**4** 罷了。

那麼，比特幣究竟是什麼？

這便得從上一輪的金融「海嘯」開始說起了……。

2008 年 9 月，以雷曼兄弟（Lehman Brothers Holdings Inc.）的倒閉爲開端，金融危機在美國爆發並向全世界蔓延開來。爲應對危機，各國央行採取量化寬鬆等措施，並由政府動用大量的稅金，救助由於自身過失而陷入危機的大型金融機構。於是，大眾對金融機構與金融行業高管的不滿達到頂點，同時對央行與政府的這些慷慨之舉產生質疑，一度引發「佔領華爾街」運動。

2009 年，一個自稱「中本聰」（Satoshi Nakamoto）的日本數學教授提出了「比特幣」的概念，設計發佈了開源軟體及

建構其上的P2P網路。比特幣是一種以P2P形式（Peer-to-Peer）
5 發行的數位貨幣。

點對點的傳輸意味著一個去中心化的支付系統。與大多數
貨幣不同，比特幣不依靠特定貨幣機構發行，而是依據特定演
算法，透過大量的計算產生。比特幣使用整個P2P網路中，眾
多節點構成的分散式資料庫來確認並記錄所有的交易行為，並
使用密碼學的設計來確保貨幣流通各個環節的安全性。

P2P的去中心化特性與演算法，本身可以確保無法透過大
量製造比特幣來人為操控幣值。基於密碼學的設計，讓比特幣
只能被真實的擁有者轉移或支付，這同樣確保了貨幣所有權與
流通交易的匿名性。比特幣與其他虛擬貨幣最大的不同，是其
總數量非常有限，具有極強的稀缺性，總數量根據設定的演算
法，被永久限制在 2,100 萬個。

2009 年 1 月 3 日，中本聰在位於芬蘭赫爾辛基的一個小
型伺服器上挖出了比特幣的第一個區塊—創世區塊（Genesis
Block），並獲得了「首礦」獎勵—50 個比特幣。於是，不受
央行和任何金融機構控制的比特幣正式誕生了。在監管缺位之
下，原本超前的區塊鏈技術被包裝成花式專案到處圈錢，直至

形成了一系列產業鏈。一時間，各式虛擬貨幣交易平台紛紛上線，甚至衍生出利用虛擬貨幣融資的把戲，乙太幣（ETH）、萊特幣（Litecoin）、狗狗幣（Dogecoin）等各種虛擬貨幣層出不窮，現在已經有上千種類似的虛擬幣粉墨登場。

這些虛擬貨幣歷經起落，於 2020 年進入上漲的高潮階段，其背景就是全球疫情下各國央行的印鈔撒錢比賽，在流動性氾濫之下，投資者對紙幣產生了極大的不信任。於是，以比特幣為首的虛擬貨幣成了貨幣的蓄水池。

比特幣的起步，是理想主義者們希望用區塊鏈的理念，對抗中心化貨幣體系在應對金融產業無限膨脹，以及因膨脹過度而引發危機時的無能。這兩年，各類虛擬貨幣被認為是大眾反抗一些不負責任的央行無制約印鈔而付出通貨膨脹稅、鑄幣稅的武器。

⫶ 虛擬貨幣的錢景，依舊看好？

然而，當虛擬貨幣成了投資品後，在貪婪的驅動下，參與者就忘了初心。由於各種虛擬貨幣價格可以在短期內大幅上漲，虛擬貨幣逐漸演變成了能讓參與者一夜之間改變命運的

「神器」。那麼，比特幣值得大家去參與投資嗎？我們應該從以下幾個方面予以考量。

1.比特幣不是能創造新價值的技術。傳說中的所謂能改變人類生活方式的區塊鏈技術，目前只停留在探索階段。利用區塊鏈技術的核心—因去中心化的分散式互聯網資料庫技術方案而設計出來的比特幣，本身也不等於區塊鏈，只能算是在底層應用了區塊鏈技術的範例而已，更別說是創造改變人類生活的價值。

2.虛擬貨幣體系的誕生與成長，被視爲是一場貨幣革命，並將取代現有體系。這種想法確實太幼稚了。要成爲真正意義上可被長期接受的貨幣，必要條件就是有國家主權信用的支撐，而以顛覆原有貨幣體系爲目的的比特幣，是不可能被各國政府及其央行接受的。想讓國家主權爲其背書，無異於與虎謀皮，基本不可能實現。

3.「總量有限」是投資市場看好虛擬貨幣的癥結點。大家總是認爲「物以稀爲貴」，但這其實是一種虛幻的自我想像和自我承諾。比特幣根據本身的演算法，個數確實有上限；然而隨著不同的虛擬貨幣如雨後春筍般地湧現，虛擬貨幣作爲一個

整體，其實是可以被無限創設的。

4. 傳統貨幣背後有國家支持，比特幣卻是被「挖」出來的。也就是說，比特幣最初的「信用」是憑空創造出來的，與之相關的穩定幣的信用也是憑空創造出來的，並不具備可靠的長期支撐屬性。

5. 比特幣挖礦耗電量大，嚴重破壞環境。這不符合各國政府宣導的節能減排、保護環境的大趨勢。曾有人在 2022 年年初做過統計，如果將比特幣作為一個「國家」的話，它在全世界近二百個國家中的用電量排名是第二十九名，已略超過挪威整個國家的用電量。而且隨著挖幣難度的逐步增大，其用電量勢必會越來越驚人。

2015 年，平均 2 千度電能挖出一枚比特幣。

2018 年，需 3 萬度以上的電才能挖出一枚比特幣。

2020 年，至少需要 40 萬度電才能挖出一枚比特幣，之後需要得則更多。

6. 具備匿名制和跨地域的流動性特徵，有人把比特幣當作突破國家外匯管制的利器，成為犯罪工具。這就不由得各國的監管機構停止對比特幣的迅猛發展「睜一隻眼閉一隻眼了」。

我認為，比特幣作為投資品，其價格缺乏一個「錨」，可以值1億美元，也可以值1美元，估值全憑投資者的情緒來決定，因而無法合理判斷。因具備「無國界、無控制、無交易限制」等特徵，比特幣對擁有者而言是有足夠吸引力的。

投資與理財的正道在於追逐機率較高的小成功，如參與「一將功成萬骨枯」的小機率「豪賭」，則顯然與投資理財的正道背道而馳。不少人問我：「看著前期比特幣的價格猶如火箭一般飆升，你心動了嗎？」

我通常會坦率回答：「我看不懂比特幣價格飆升的邏輯，也無法判斷其合理估值，所以選擇不參與。」對於有很大贏面但成功機率極小的投資（投機），理性的投資者也不應參與。

有人會說：「雖然馬斯克也買比特幣，但不等於我們也要買。更何況還有那麼多投資名人選擇不跟風！」也有人會說：「此時不跟進，那我就會錯過歷史性的大好機會！」那麼請允許我再老生常談一下，我們幾乎每天都在錯過各種「好機會」，這真沒什麼大不了的。因「偉大而不可實現」的終極目標，讓比特幣註定就是美麗的泡沫。雖然比特幣的產生被定義為「一場貨幣革命」，很多信仰比特幣的人堅信以比特幣為首的各種

虛擬貨幣，終有一天會取代現有的貨幣體系。**大太陽底下總無新鮮事，泡沫膨脹得越大，一旦破滅後所引發的危害往往越大。**古今中外，無一例外。

作為旁觀者，比特幣及其他類似的虛擬貨幣，既然是不折不扣的美麗泡沫，那麼我們坐視其破滅，也沒什麼大不了。作為投資者，建議與此類泡沫保持距離，儘管泡沫在破滅之前是魅力無限的，但到了破滅之際，那就毫無價值了。大眾對財富的追求無可厚非，然而在貪婪的驅使下，完全脫離常識跟風

追逐泡沫，最終的結果一定是財富的幻滅。

從總體上看，上述「另類」投資品的價格波動之大，實非一般投資者能承受的，對專業知識的要求，也不是一般大眾能達到的。若堅持參與，其結果多半是以巨額虧損收場。因此，對一般投資者來說，這些所謂的「另類理財品種」並不靠譜，想憑此發財更是天方夜譚。要想讓「過剩」的錢保值增值，就要根據個人風險偏好，堅持投資傳統的股票、債券、黃金等品項，持續執行合理的資產配置。

1. 截至至 2014 年為止,「美國中部能源控股公司」、「中美能源控股公司」或「中美能源」其實是波克夏‧哈薩威能源公司的前身。
2. 期貨「升水」又稱正價差,是指一種商品的期貨價格比合同到期日預期現貨價格更高的情況。與之相反的稱為期貨「貼水」或逆價差。
3. 是指賣空不存在的股票的違法交易行為。
4. 1637 年的荷蘭,當時由鄂圖曼土耳其引進的鬱金香球根,因大眾搶購而導致價格狂飆,而在泡沫化過後,市場跌價到僅剩 1% 的殘值,整個社會陷入混亂。而 2020 年代起,隨著比特幣價格飆升,故而有人將其比喻為另類的鬱金香狂熱。
5. 又稱對等技術,其作用在於減低以往網路傳輸中的節點,紓解資料遺失的風險,是去中心化、依靠使用者群(Peers)交換資訊時使用的一種網際網路體系。

| 2.3 |

第三步：
理財如下棋，資產配置大閱兵

　　在第四章中，我們列出了不適合一般投資人的理財產品，如股指期貨、融資融券、收藏品、虛擬貨幣等。那麼，作為理財時間有限、可支配收入不多的上班族，適合哪些理財產品呢？是銀行理財產品、保險、黃金，還是股票、外匯呢？

　　很遺憾，都不是！

　　這就好比盲人摸象中的幾位盲人，說大象如同長蛇、扇

子、繩子、柱子，只因為他們分別摸到了大象身體的一部分（鼻子、耳朵、尾巴、大腿）而已。在還未瞭解透徹投資理財之前，我們不能亂加揣測，亂做決策。理財的起步，尤其對於上班族而言，應該是實行資產的多元化配置。

也就是說，如前面章節所說的，根據投資者的不同風險偏好與風險承受能力，把資產按合理的比例，分散到無風險的現金類、中低風險的固定收益類、中高風險的權益類（股票）等不同的資產類別中。

實行資產的多元化配置，能為投資者的理財組合帶來穩定性，長期的財富保值增值目標由此也可以實現。在象棋博弈中，我們都知道要想獲勝既要利用能勇往直前的「車」、「馬」、「炮」，也要利用雖然前進空間不大，但能起護衛作用的相」和「士」，我們的資產配置大棋局也大抵如此。

如果我們把股票等進取型資產看作替我們攻城掠地的「車」、「馬」、「炮」，那麼能為我們看家護院的「相」和「士」就是銀行理財、債券等固定收益類品種。利率走低時，固定收益類品種不失為偏好低風險的投資者的避險工具，它能為投資者提供穩定、有保證的獲利。

股票：高風險、低門檻的「大眾情人」

　　股票幾乎是資產配置中必不可少的進取型資產。對於整體的投資理財配置而言，缺失了股票類資產，就如同一支足球隊缺了「前鋒」，變得不完整和缺乏戰鬥力。

　　股票對我們來說，其實是最熟悉的「陌生人」。在生活中，報紙、電視、廣播、網路上每天都充斥著許多股市行情報告、動態分析、預測寶典等。它是一種門檻低的投資品種，開戶非常簡單，投資者甚至可在手機上下載並安裝任意一家券商的交易 App，只花幾分鐘時間就可以完成帳戶開立。但就是因為如此簡單易操作，所以我們有必要再問問自己：「我們真正瞭解它嗎？我們該如何有效駕馭它來實現長期且合理的回報？」股票其實就是上市公司的股份憑證，持有股票，意味著我們成為了上市公司的股東。對投資者而言，股票投資的預期獲利主要有以下兩部分。

∴ 除權息

　　作為公司的股東，如果公司經營正常，那麼每年都會產

生利潤，這些利潤會透過分紅派息的方式按股權比例分配給股東。其實當投資人買進某企業的股票後，自然就會成為該公司的股東之一。而公司在扣掉營運成本與需要再投入的資金後，就可能用發放「股票」或「現金」的方式，將獲利回饋給股東。

　　一般而言，公司經營得越出色，每年的利潤就越豐厚，股東獲取分紅收入的潛力也越大。在正常情況下，股息分配每年一次，通常是在每年的第二季分配上一年的紅利，如果投資者打算長期投資股票，則應多關心公司的經營、公司的股息分配政策。

　　而在發放股票或現金的過程中，大家最常聽到的就是所謂的「除權息」。其中，除權指的就是發放「股票股利」，也就是所謂的配股；至於除息便是發放「現金股利」，也就是配息。

∷ 資本利得

　　資本利得是指投資者在股價變化中的獲利，即透過將股票低價買進、高價賣出所得到的差價收益。實際上，投資者在投資股票的過程中，手續費成本只有萬分之二、三，若非頻繁交易的話，基本可算是一筆微不足道的花費，在稅收方面也是

相當優惠的。因此作為投資者，長期投資能享受更好的稅收優惠，對於個人投資債券取得的利息收入、投資基金獲得的各種收益，以及買賣股票取得的差價收益等，上述均是可暫時免徵個人所得稅。

目前投資大眾多半只關心資本利得，也就是炒股票、賺差價。絕大部分的國內機構和個人投資者，都是以取得差價為目的的，也就是大家通常講的「炒股票」，極端情況就是，投資人本著「以小搏大」的心理，希望猶如廚師一般透過把股票反覆「上下翻炒」來持續進行「低買高賣」而獲利。

至於公司的長期經營情況、獲利能力、股息政策等核心資訊，他們則較少去關注與分析。股票投資具有高風險、高收益的特點。因此在我們的理財組合中，股票類資產（包括基金、類基金資產，後面會展開講到基金）通常是平衡型和成長型配置（追求潛在報酬率高於無風險報酬率）必不可少的組成部分。理性的股票投資過程應該包括確定投資策略、做個股分析、建立投資組合、定期評估投資表現、持續修正投資組合等基本步驟，同時我們應該綜合考慮交易費用、稅金等資金成本，以及因投資股票而必須放棄其他產品的機會成本等。

然而，股票投資是一件「看似門檻很低，實則技術含量很高」的事情。投資股票的目的是實現財富的保值增值，完成財富自由，但實際上很多人都與這個目標背道而馳。大家誤以爲股票投資門檻低，於是貿然進場，可就在過程中，若好運抓到一個漲停板，往往就會對身邊所有人說這個事；反觀若買後跌了，就會儘量避免與人談起，甚至是連虧多少都不敢看了。這樣一來，又該如何判斷自己是否眞正掌握投資技能？

　　在此有一個很有意思的小測試：請大家打開手機上的證券交易 App，看看自己的帳戶表現，無論牛熊，如果在大部分時間，其顯示多數持倉品項收益者都是紅色，這即表明我們成功掌握了投資技能。但比較可惜的是，我身邊的股票投資老手，如果打開他們的證券交易 App，你會發現其帳戶裡往往有一大堆的股票品項，而大多數是綠多紅少的狀態，無論市場是牛或是熊⋯⋯。

黃金：「就怕火煉」的保值工具

　　作爲避險資產的黃金，確實是可以成爲投資者資產配置的

一部分。那麼，應該如何參與黃金資產投資呢？是把金磚直接扛回家嗎？再者，如何防盜、預防丟失更是一個大問題。到國內外交易所去買賣黃金現貨或期貨合約，是否可行呢？許多人會覺得門檻過高且操作複雜。但投資者若真想參與黃金投資，我建議可採用以下兩種方法。

∷ 黃金基金

黃金基金多半是由專業經理人管理，其操作原理是，基金分散投資於各國的投資於黃金或與黃金相關資產（如黃金礦業公司的股票、實體黃金及黃金衍生品），在通貨膨脹、貨幣貶值而黃金市場看好時，金礦公司經營狀況良好、分紅多，股價上漲，投資者因此獲利。除了分散風險，有更多的收益機會也是黃金基金的特點。

與直接持有黃金相比，投資黃金基金的風險較小、收益比較穩定，又能較好地化解個人黃金投資者資金少、專業知識缺乏、市場訊息不靈等不利因素。加上具備更高的流動性和便利性，可以像股票一樣在市場上買賣，不需考慮實體黃金的存儲和保險問題。

與其他類型的投資基金（如股票基金或債券基金）相比，黃金基金也有其獨特優勢。可被視為是一種避險資產，在經濟不穩定或通貨膨脹上升時，其績效表現往往優於其他資產類別。因此，黃金基金可在投資組合中發揮對沖風險的作用。

∵ 黃金存摺

黃金存摺是指黃金的紙上交易，投資者的買賣交易記錄只會在個人預先開立的「黃金存摺帳戶」上出現，而不涉及黃金實物的提取。其獲利模式是透過低買高賣來獲取差價利潤。實際上，投資者投資黃金存摺是透過投機交易獲利，而非透過投資黃金實物獲利。

對於一般中小型投資人而言，投資黃金存摺是一種很好的理財選擇。黃金存摺交易不會產生倉儲費、運輸費和鑒定費等額外的交易費用，投資成本低，不會遇到黃金實物交易時，經常存在的「買易賣難」窘境。但相對於黃金基金，我們仍需要掌握相關方面的知識。

雖然黃金近期表現不俗，但我要潑一潑冷水，因為這位「亂世英雄」也不是一位「常勝將軍」。投資品的一個明顯特

徵就是會呈現價格「鐘擺」現象，也就是說，價格是圍繞著其價值做鐘擺運動的。一段時間內價格會遠在其價值之上，而一段時間後又會在其價值之下。一旦成為投資品，黃金勢必會受到「鐘擺」現象的約束，但長期來看，金價本就不可能只漲不跌，也不可能只跌不漲。

須知物極往往就必反了。

且看黃金在過去幾十年的週期性走勢，就是物極必反的最佳印證。

2011 年 8 月，金價為 200 多美元／盎司，到 2013 年年初上漲到 1,900 美元／盎司，漲幅近 10 倍，由此，人們對投資黃金信心百倍：商場裡出現顧客排隊買黃金的奇景：公司裡平時根本不關心投資的職員，開始熱議如何參與投資黃金。大家儼然都成為投資黃金的「專家」了。而我當時就判斷，黃金泡沫破滅應該已經距此不遠了。

結果，1,900 美元／盎司的金價，在很長時間甚至成為史上最高點。但一切直到 2013 年，黃金只漲不跌的神話終於宣告結束，雖然黃金曾經表現不俗，近期也有走強，不少人還預期黃金可以重拾長期升勢，但黃金過去曾有過的輝煌紀綠與表

現，已不復見……。

　　所謂風物長宜放眼量，且讓我們把時間拉長一點，便會得出大不相同的結果。從 1990 年到 2010 年，金價在這二十年間—271%，年平均上漲 6.77 %，遠遠落後同期標普 500 指數的 9.13%。如果再把時間拉長到三十年來看，投資黃金的年化報酬率僅為 3.33%，甚至連通貨膨脹都打不贏，同期標準普爾 500 指數年化報酬率為 11.3%。

　　黃金價格指數從 1980 年 1 月到 2011 年年底，一共上漲了 134.46%，而代表美股整體表現的「標準普爾 500 指數」同期漲幅為 992.43%，如果算上歷年的分紅，「標準普爾 500 指數」的總報酬率為 2,569.66%。

　　根據彭博社統計的資料，從 1980 年到 2000 年這二十年間，黃金走勢暗淡無光，1980 年的最高價是 800 美元／盎司，1999 年的最低價格甚至不足 300 美元／盎司。

　　我們再看一下美國市場不同資產類別長期報酬率的比較（見圖 2-1），黃金二百多年來為投資者帶來的長期報酬率（扣除通脹）僅為 0.6%，不但遠遠跑輸股票的 6.7%，更出人意料地跑輸債券的 3.5%。因此，從資產配置的角度來看，拿黃金

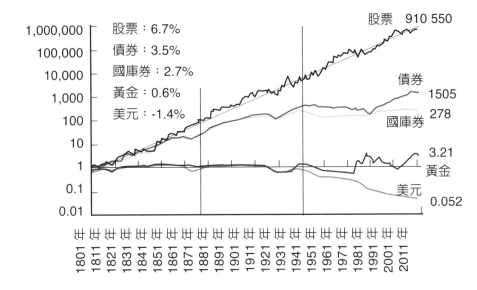

圖 2-1　美國市場不同資產類別長期報酬率比較

股票：6.7%
債券：3.5%
國庫券：2.7%
黃金：0.6%
美元：-1.4%

股票　910 550
債券　1505
國庫券　278
黃金　3.21
美元　0.052

作為資產配置當中的一小部分，其實是可以的，反觀若而大量配置黃金來預測其終會大漲，這才是真正不合適的觀點。

基金：值得信賴的理財夥伴

1868 年，倫敦成立了世界上第一檔基金「倫敦國外及殖

民地政府信託基金」（Foreign and Colonial Government Trust of London），這標誌著證券投資基金的誕生。英國在第一次工業革命中取得了較大的勝利，期間經濟得到迅猛發展，從而累積了巨大的社會財富，這是基金能夠誕生的最基本條件。而基金的發展壯大實則發生在美國。

20 世紀初期，美國只有少數富有的人才能參與資本市場投資，大多數家庭理財的方式是銀行儲蓄。直到 1924 年，美國出現了第一隻開放式基金「麻塞諸塞投資者信託」（Massachusetts Investors Trust，MIT），這是證券投資基金發展史上的一次革命。

按資產類別來分，基金共有以下幾大類型：貨幣市場基金、債券基金、股票基金、其他基金等。貨幣市場基金（Money Market Funds，MMF）

是聚集社會閒散資金，由基金管理人運作，基金託管人保管的一種開放式基金，是專門投向風險小的貨幣市場工具。貨幣市場基金主要投資於短期貨幣工具，例如國債、央行票據、商業票據、銀行定期存單、政府短期債券、企業債券（信用等級較高）、同業存款等短期有價證券上，且具備以下幾個特徵。

⋙ 貨幣市場基金的特徵

1.資金相對安全。由大多數貨幣市場投資組成品項，決定了其在各類基金中風險是最低的，雖然貨幣市場基金合約內一般都不會保證本金的安全，但基金性質即決定了貨幣市場基金在現實生活中，極少會發生本金虧損。因此，一般貨幣市場基金多半會被視爲是現金等有價物。

2.資金流動性強。貨幣市場基金的流動性可與活期存款媲美，買賣交易便利，資金到帳時間短，流通性強，一般在基金贖回後一至兩天內便可收到款項。目前甚至有基金公司開通貨幣市場基金「即時贖回」業務，宣稱交易當日即可到帳。

3.報酬率較高。貨幣市場基金多半具有國債投資的收益水平。貨幣市場基金除了可作爲投資一般機構可投資的交易所回購等投資工具，還可以進入銀行間債券及回購市場、中央銀行票據市場進行投資，其年淨報酬率一般可和一年定期存款利率相比，高於同期銀行儲蓄的收益水準。

不僅如此，貨幣市場基金還可以避免隱性損失。當出現通脹時，實際利率可能很低甚至爲負值，貨幣市場基金可以及時把握利率變化及通脹趨勢，獲取穩定的較高收益。

4. 投資成本低。交易費用包括認購費和轉換費，用於購買或轉換基金，通常從投資金額中扣除。此外像是贖回費，這是在出售基金時需支付的費用，有些基金公司會收取此項費用。另外還有持續費用（從基金資產中扣除）、管理費（支付給基金經理作為提供基金管理服務的費用）、託管費（支付給託管人提供託管服務的費用）、業績表現費（若基金表現出色，向基金經理支付的費用）、行政費（基金行政和營運的相關開支）等。

5. 分紅免課稅。多數貨幣市場基金面值永遠為 1 元，其投資收益按日計算，每日都有利息收入，投資者享受的是複利，而銀行存款享受的是單利。每月分紅結轉為基金份額，分紅免收所得稅。選擇貨幣市場基金應考慮規模和新舊兩個因素。

首先是規模。不同規模的基金所具有的優劣勢不同。如果貨幣市場基金規模較小，在貨幣市場利率下降的環境中，增量資金的持續進入將迅速攤薄貨幣市場基金的投資收益；而規模大的貨幣市場基金則不會有這樣的擔憂。在貨幣市場利率上升的環境中，規模較小的基金往往是船隻小好轉向，貨幣市場基金報酬率將會迅速上升。

再來是新舊。成立較久遠的貨幣市場基金一般運作較成

熟，且因具有一定的投資經驗，持有的高報酬率品項往往較多。不少人對債券投資並不熟悉，而且直接參與交易所的債券投資的門檻不低，因此投資者直接參與債券投資有一定的難度。而債券基金恰好能協助投資者突破瓶頸。它的門檻低，需要的專業知識少，適合資金不是很多且對債市買賣規則不甚瞭解的投資者購買，是省心省力、低風險的好選擇。

債券基金是指 80% 以上的基金資產投資於國債、金融債、企業債（包括可轉換債券）等債券的基金。假如全部基金資產投資於債券，可以稱其為純債券基金；假如大部分基金資產投資於債券，少部分投資於股票，可以稱其為債券基金。與投資者直接購買債券相比，債券基金由專家管理，不僅可以免除投資者可能要排隊購買債券的麻煩，還可以有效降低利率變化帶來的持券風險，以及當投資者希望變現時的流動性風險。

股票基金是指六成以上的基金資產投資於股票的基金。由於大部分資金都投入股票市場，因此市場的系統性風險更是無法規避的。確實，與投資者直接投資股票市場相比，股票基金具有風險分散、費用較低等特點。對一般投資者而言，個人資本畢竟是有限的，難以透過分散投資而降低投資風險。但若投

資於股票基金，投資者不僅可以獲得各類股票的收益，而且可以將投資風險分散於各類股票上，大大降低投資風險。

此外，投資者投資了股票基金，還可以享受基金大額投資在成本上的相對優勢，降低投資成本，提高投資效益，獲得規模效益的好處，但即便如此，投資股票基金也有風險需要特別留心。由於價格波動較大，股票基金屬於高風險投資。除了市場風險以外，還存在著集中風險、流動性風險、操作風險等，這些都是投資者在進行投資時必須關注的。例如，當股市大盤贏弱時，大多數個股都會下跌，縱使基金可以分散投資不同個股，淨值難免也會跟著下跌。

各式金融商品：務必慎選的投資工具

我們或多或少都聽說過「理財產品」的概念，這些由銀行、券商、信託發行的各類預期收益型和淨值型的理財產品，其實就是一個債券和一些類債券的非標準化債權的投資組合，也是投資者間接參與債券市場的重要途徑。

銀行理財產品是投資工具，一般說來銀行理財產品主要有

兩大類：一是透過銀行自身運作資金池，為客戶提供低風險的固定收益解決方案；二是透過「銀信合作」**1**或其他形式的管道，為客戶提供風險從低到高、不同語系的投資方案。

第一類其實是在我國利率沒完全市場化之前的一種變通做法，投資者承擔的是銀行的信用風險，取得的報酬率通常略高於同檔次的銀行定期存款利率。投資者可以將其作為資產配置中保守型投資的一部分。

而第二類則相對複雜許多，這些解決方案通常是在金融行業分業經營、監管的現實層面下，銀行把信託公司當作橋樑，為投資者提供資本市場解決方案。因為資本市場風高水深、到處是暗礁險灘，一般投資人不一定有把握能夠理解相關產品背後的風險，所以建議大家不應把此類銀行理財產品視為毫無風險的固定收益類產品看待。

銀行存款：你最忠實的財富衛兵

大多數人首選將資金存入銀行，以便隨時應急使用，然而我建議不要讓大筆資金滯留在我們的活期存款帳戶中，畢竟存

在這裡的錢，所得利息很少。更好的辦法是，只在活期存款帳戶中保留足夠支付日常開支和避免產生銀行費用的資金，將其餘部分資金轉移到與我們的活期存款帳戶相關，既能保持良好流動性又能產生一些收益的產品上。

對於上了一定年紀的中高齡族群，多半會把財富的安全性放在第一位考量，這時若想學習投資理財知識，可能稍嫌有點晚。對於感覺投資理財並不是自己能掌握的人，可以考慮把資產放在銀行的定期存款中，畢竟安全可靠是銀行存款的最大優勢。

以上列舉的股票、黃金、基金、理財產品、銀行存款就是理財棋局中的基本盤，是大眾實施資產合理配置的簡單工具。透過上述內容，我們一起認識了適用於資產配置的主要資產類別及其特徵，那麼，具體到每個人，究竟該如何實現資產配置？我想起了大家都熟悉的「小馬過河」的故事。

在這個故事中，松鼠覺得會把牠淹死的河水深度，對於牛伯伯來說只不過就到小腿而已。同理可證，在投資理財方面，每個人自身的財務狀況不同，能承擔的風險程度也不一樣。因此我們應該根據個人的自身風險承受能力，設置合理的回報預期，減少持有高風險資產，增加流動性強的低風險資產的配置

比例，並且做好資產的合理配置，透過資產類別、資產幣種的多元化投資，規避風險。

第三章中出現的幾個案例，就是對不同的人群按不同的投資理財目標來實施合理的資產配置的具體分析，可做參考。就適合台灣民眾的資產配置模式而言，固定收益類品種應首選銀行提供的保守型理財產品，儘管報酬率低但相對安全；股票投資更應謹慎，僅限於經營業績良好、公司治理嚴謹、估值合理的標的，或者適度透過主流的指數基金參與；面對不確定的市場與不好把握的投資品項，選擇「勇敢不參與」，不失為明智之舉。

---

1. 企業先透過信託公司申辦貸款，信託公司再將企業所需的貸款項目，客製處理成一項理財產品，由銀行主導設計後發行，再向投資者募資。企業獲得貸款，銀行、信託公司獲得相關管理費用，至於投資大眾則可獲利（但須負擔一定程度的風險）。

| 2.4 |

第四步：
步步為營穩健提升，邁向財富進階路

　　在第五章中，我們已具體而詳盡地分析過不同資產類別與不同投資品種。上班族邁向財富自由有一個逐步進階的過程。個性化的不同資產類別的配置組合就像一級級臺階，讓每一位投資者走上財富自由之路。例如跳水、體操等運動員開始做的都是相對簡單的規定動作，等到參加比賽時，既要做好規定動作，又要表演具有一定難度的自選動作，想要取得好成績，關鍵便在於自選動作上的發揮。

　　我們在本章節將更深入探討股票、基金、理財產品等標配

型產品的具體使用方法，以及當大家的財富水準持續穩步提升後，還需要使用哪些難度較大的工具，實現更高階的資產配置計畫。

投資股票，長期獲利、錢景看好

　　股票這類資產具備長期的回報潛力，但這不等於投資者普遍能透過股票投資取得長期的回報，實現財富自由。長期以來，投機風氣興盛、市場交易活躍、大盤指數波動過大等新興市場的特徵，在股市裡都非常明顯。有關這一點，且看電視媒體節目以及網路平台上有多少投資社群，應該便可得知一二。

　　我希望透過剖析多數投資者對股市的誤解、操作上的毛病以及策略上的常見偏差，讓廣大投資者能夠儘快脫離「總是受傷」的困境，取得與其所能承擔的風險相對稱的長期收益。經濟學上有一個大家耳熟能詳的名詞叫作「價值規律」（Wertgesetz）[1]，指人類工作產品的經濟交換的規範或法則：產品在貿易中的對應交換價值，常被表示為金錢（價格），而這是與人類勞動時間的平均值成比例的一種關係，也就是說，

生產這些產品的人類勞動是必要的存在。因此，商品（可交換的產品）交換價值的波動是受到它們的價值所控制，價值的量則由人類勞動的平均量來決定。而它的表現形式是價格圍繞價值上下波動，價格總是與價值不一致，有時偏高，有時偏低。用一個形象的比喻，這就像主人帶小狗散步，一會兒小狗會跑很遠，扭頭看不見主人後，趕緊跑回，一會兒因貪玩而遠遠落在主人後面，發現後，急忙直追，一下子竄到主人前面……。

在這個比喻中，「價值」就是主人，而「價格」就是小狗。

說到股市，股價與合理估值的關係也是一樣，二者基本上不會一致，股市價格波動較大，加上投資群體的價值投資理念尚未成熟，價格與價值的偏離度往往很大，這就導致投資者容易「預測失準」：股市的走勢難以預測，真實走勢往往與主流的預測，大相徑庭。

那麼，投資者應採用何種投資策略，才能立於不敗之地？實際上，傳統的投資策略不外乎以下兩大門派：趨勢投資派和價值投資派。前者更關心市場與個股的價值走勢，後者則專注在公司與市場的內在價值上。

前者期待的是股價持續上漲，獲取差價。他們以取得價差

為目的參與投資，自然就非常關注股票的每日走勢，因為買了股票之後，若價格上漲，則意味著賺錢了，反之，則代表虧損了。股價每天的變動，通常是用 K 線來表示的。代表市場總體水準漲跌的不同指數，以及單一公司的交易價格走勢，通通都可以透過 K 線記錄下來。不同的證券商、交易網站會用不同的行情分析軟體來查看 K 線，但其功用多半大同小異。

許多崇尚趨勢投資一派的投資人，希望透過技術分析來預測市場指數及股價的走勢，專注於分析短期內的 K 線圖。我則認為，技術分析的基礎在於以下幾種假設：人的行為隨情緒的變化而飄忽不定；市場的趨勢與特徵反映人的非理性行為；而趨勢與特徵是重複的，大家因此可以預測之。但這幾個假設是否真實存在，通常具有很大的不確定性，因此以技術分析預測市場，其實並不合理。另外，雖然趨勢投資的原理非常簡單，即低買高賣，但趨勢投資非常考驗人性，明明我們是準備低買高賣的，但是由於人性的貪婪與恐懼，常會迫使我們高買低賣。而且，頻繁地買賣「股票」，幾乎沒有勝算可言。

事實上長期來看，判斷股市走勢相對是容易的，我們可觀察任意一款常用的行情分析軟體，簡單地把 K 線拉得夠長，中

間畫一條線就是它的趨勢線。但是絕大部分投資人是不會去看這麼長的趨勢線的，他們只會看幾周的波動，甚至是看一天之內的波動，但這麼短期的波動是沒有任何規律可參考的。

拉得長一點，即可明顯看到在趨勢線下軌（這個下行軌道很容易找，把前期的幾個低點連成一條直線即可）時，這一定是明顯的買點；反之，當遠遠向上偏離了這個趨勢線時，這其實就是賣出的最佳時機。而根據前面的分析，就國內外整體市場環境而言，我認為股市仍有明顯的上升空間。**與其預測走勢而去追漲殺跌，倒不如做個真正的「價值」投資者，在股價低於合理估值時買入，在股價高於合理估值時賣出**。這種真正的「低買高賣」策略，才能讓投資者長期立於不敗之地。

∵ 善用複利魔法，實現「價值」投資

那麼對於股市投資者而言，謝絕參加「博弈」之後，又該如何實現長期合理回報，做好價值投資？我認為有以下兩條路徑可供參考。

1. 長期地與國家經濟共同成長。選擇與國家經濟共同成長的方法其實比較簡單。畢竟上市公司皆屬國內企業中的佼佼

者。長期來看，投資者可以透過這條路徑，使用非常簡單的指數基金投資方式，與國家經濟共同成長，享受國家建設的紅利，實現慢慢走向富裕的理想。

2. 作爲績優股的股東，享受公司的長期經營紅利。前面講過，投資者股票投資的預期收益主要有收入收益與資本利得兩部分。前者關心的是公司的經營情況，盼業績連年增值，獲得的現金分紅每年遞增。有人認爲，股票分紅偏低，所以「沒有投資價值」，但分紅不是價值投資的關鍵，我們可以想象，即使完全不分紅，投資者把滾存利潤投入再生產，未來也會取得更多的利潤，有更多的分紅。作爲股東，這個道理是一定要記住的。

那麼，如何選到好公司並長期持有其股票呢？首先要選對行業，其次則是選擇好公司。上行產業因爲具備夠高的門檻，競爭對手是不可能隨便進來的。例如金融行業（如銀行）門檻夠高，銀行裡的「優等生」一定是好的，我們在其股價最高點時買入，即使時機是錯的，假如一直持有，最終獲利也非常可觀。當市場低迷的時候，其實就是買入的時候。

保險行業同樣是一個非常好的行業，門檻高，發展空間也

很廣闊。手裡有幾套房的人很多，但手上有幾張大額保單的人很少，大家都缺乏足夠的保障。假如選擇保險行業裡的優等的公司，即使在比較高的價格時買入並堅持，回報依舊可觀。

上行產業裡的好公司，通常就是好的標的物，只要選擇它，就可以穿越牛熊。假如我們找到了上行產業裡的好公司，那麼你既不需要逃頂，也不用抄底，一直安心持有就可以了。當然，投資這些公司的最佳時期，通常就是大家都不想要的時候，假如我們買入時的價格足夠低，並且長期持有。我們可以做一個實驗，假如我們在低位買入後就不再動了，根據以往的經驗，「10 倍報酬」並非不可能實現。好的標的，我們只需要等到合理的價格，買入以後堅守就可以了。

這就是非常簡單的穿越牛熊，實現價值投資的一條捷徑。

∷ 細數相關指標，判斷估值有一套

我們前面說到，價值投資就是在股價低於合理估值時買入，在股價高於合理估值時賣出。那麼，什麼是合理的估值呢？如何看估值是高了還是低了？我們可以利用一些常用的指標來衡量。

- 本益比（P／E）
- 本益成長比（Price／Earnings to Growth Ratio，PEG）
- 股價淨值比（P／B）
- 股東權益報酬率（ROE）
- 未來現金流的現值

第五點因為這個通常是專業研究員、分析師在執行的專業領域，要求有非常強的財務分析基礎，本書就不詳細展開了）。

這些指標是衡量公司是否具有投資價值的關鍵，必需綜合考慮。

⁘ 本益比（P／E）

是當前股票市價與上市公司每股盈利的比率，通常是越低越好。如何判斷本益比的高與低？P 代表我們要付出的價格，而 E 代表公司每年的獲利，本益比若為 10 倍，這就意味著，假如公司維持現有經營能力長達十年，我們就可以收回投資成本，我們投入的本金報酬率為 10%。如果本益比為 100 倍，這就意味著，假如公司維持現有經營能力達一百年，我們就可以

收回投資成本，我們投入的本金報酬率為 1%。有人會說：「在市場中哪些行業、哪些公司值得長期投資，用這個指標來衡量不就一目了然了？」

還有人會問：「本益比都那麼高嗎？那豈不是要投資很多年才能回本？」別急，我們等一下會說到另一個重要指標—本益成長比（PEG）。

另外，在判斷本益比的高與低時，通常需在同行業不同上市公司之間做比較，或拿同一公司在不同階段來做比較，才有所謂的可比性，而我們必須觀察持續數年的歷史值才能決定本益比，否則容易掉入操縱利潤的陷阱中，去年的績優公司，今年「變臉」成虧損公司的現象屢見不鮮。因此，我通常會分析連續五～十年上市公司的財務狀況來判斷估值。畢竟財務造假只能欺瞞過一時，長期下來騙局終將敗露。

∷ 本益成長比（PGE）

對於具備高增長預期的公司，單用本益比來衡量投資價值很有局限性，這時我們便需要用到本益成長比。因為如果今年的本益比是 30 倍，明年的利潤比今年增長 100%，那麼，E 增

加了 1 倍，P 維持不變，則本益比就變成了 15 倍。具體能接受多高的本益比？那就要看我們對 G（增長率）的預期了。

　　例如，著名的貴州茅台，在前期預期公司利潤每年增長 10%，則市場普遍接受其 20 倍左右的本益比，而本益成長比計算下來為 2。最近，市場認為貴州茅台供不應求，有很大的漲價空間，利潤增長每年 30% 絕對不成問題，於是接受貴州茅台 40 倍左右的本益比，至於本益成長比計算結果則為 1.33。這時候我們就能拿當下本益比和本益成長比，以此與前期的本益比和本益成長比做比較。雖然當下貴州茅台的本益比是 40 倍，似乎高估了一些，但因為預期增長會更高，評估後發現比前期本益比為 20 倍時的估值更低，所以更值得考慮買進。

⠿ 股價淨值比（P／B）

　　這是指當前股票市價與上市公司每股淨資產的比率。這個指標相對穩定可靠，特別適合用來觀察一些業績並不穩定或增長潛力較小的公司。股價淨值比也是非常重要的估值指標，因為 B 代表每股的資產淨值，而 P 代表價格。若股價淨值比高，則表示自己買貴了，股價淨值比若低，則反之。例如銀行股雖

然近期有所走強，但走勢長期明顯弱於大盤，不少投資者擔心經濟的放緩和利率市場化會影響業績。然而即使對業績有暫時的影響，也不會降低長期的估值。在目前依然相對豐厚的貸款與存款利差的保護下，銀行業仍是擁有「政策紅利」的行業，進入這一高門檻行業，即使是溢價進入也應該是非常合理的，何況現在只有 0.5 倍的折價。

相較於一些正處於風口的概念股，其股價淨值比高達 10 倍或更高，這就不值得我們買進了。這就好比我們到市場買東西，花 10 元或更高的代價去買下只值 1 塊錢的東西，請問值得嗎？

∷ 淨值報酬率（ROE）

一般又稱為股東權益報酬率、淨值報酬率、權益報酬率、權益利潤率、淨資產利潤率，是淨利潤與平均股東權益的百分比，是公司稅後利潤除以淨資產得到的比率，反映股東權益的收益水準，用以衡量公司運用自有資本的效率。ROE 越高，證明投資帶來的獲利越高，這項數值代表了自有資本取得淨利的能力。

一般來說，負債增加會導致 ROE 上升。而企業資產包括兩部分：一部分是股東的投資，即所有者權益（這是股東投入的股本、企業公積金和留存收益等的總和）；另一部分是企業借入和暫時佔用的資金。企業適當運用財務槓桿，可以提高資金的使用效率，借貸資金若過多，則會增加企業的財務風險，但一般可以提高獲利，而借貸資金過少，則會降低資金的使用效率。總而言之，ROE 是衡量股東資金使用效率的一項重要財務指標。

　　作為有長期投資打算的投資者，ROE 應是重點關注的指標之一。我們在本書的後面章節裡，會再跟大家做重點闡述。在股票投資的實踐中，我們必須正確理解「好公司」與「投資價值」之間的區別。「好公司」絕對不等於「高的投資價值」，「一般公司」也絕對不代表「低的投資價值」，分紅高低也與投資價值並無直接關聯性。**想要衡量投資價值，價格才是最關鍵的因素**。

　　還是以中石油為例吧。

　　巴菲特在十多年前，以每股 1 塊多的價格買入中石油 H 股（港股），當時每股的淨資產為 2 塊多，屬於價值投資。可「價

值」投資者以每股 48 元的價格買進，這就掉入了「藍籌陷阱」中。中石油 2010 年每股收益為 0.76 元，合計年股息為 0.3442 元。假設這些投資者當年在 H 股以 2 元買入，這十年間的折合年股利報酬率則為 17%。但不幸的是，他們以 48 元買入，年股利報酬率不足 1%。若仔細想想，勝負原因不就清楚明白了？

根據班傑明 · 葛拉漢（Benjamin Graham）提出的「安全邊際」理論，安全邊際高（指以較低價格買進資產，或是說，以股價淨值比低於 1，也就是以淨資產的折扣價買入資產）的股票，長期獲利往往也較高。不少學者以股市多年的數據資料作為研究物件，得出的結論與安全邊際理論竟完全一樣。

好公司如果股價過高，一樣沒有投資價值的。而一般的公司若以非常低廉的價格賣出去，反而可能也有投資機會。雖然如何衡量上市公司的價值是金融專業領域，但以上的簡單計算，應該是一般投資人很快便能學會的技巧。

完成個股分析後，我們需要以此為標準篩選出股票，搭建出一個股票投資組合。建議選取不同行業的五～十家公司，具體是五家還是十家，則需按照自己的資金量而定。平均分配這些公司，實現行業的多元化，追蹤其過去十年股票價值的長期

表現，看看有什麼樣的結果。我認為，搭建出一個股票投資組合後，只要在其股價相對便宜時買進並堅守，通常就能跑贏市場，更能跑贏市場中絕大多數的機構與個人。這也是我持續宣導的「選」好公司（獲利能力強、具備合理成長性、有品牌優勢、內部治理穩定），「等」合理價（股價低於或等於應有價值）買，堅「守」長期持有（只要價格依然合理就長期持有）的「選、等、守」三字經。若能徹底實踐，不管牛市來還是不來，也不論來的是快牛還是慢牛，我們都能取得長期豐厚的回報。投資好公司後，要定期評估投資表現。評估頻率為一年一次，並且至少持續五年以上。

那麼，究竟達到什麼樣的報酬率才算合理？全球公認的「股神」巴菲特，四十多年來的年化報酬率也不過 19% 左右。

最後一步，要持續檢查並適時調整股票投資組合。究竟應該如何不斷修正自己的股票投資組合？我認為必須密切關注公司的經營情況而非市場波動。如果我們採用的是價值投資，是與好公司共同成長的路，那麼平時倒是可以比較輕鬆的方式進行，大可不必為市場短期的漲跌而焦慮，長期持有自己精心挑選並以合理價買入的好公司，便可實現獲利最大化。

慎選基金，採用正確姿勢「躺平」

第五章我們提到，國內外基金發行量與存量規模，近年來均呈爆發式增長，基金的規模與品質都有顯著提升，品項更是豐富多元，已然成為投資大眾必不可少的理財工具。然而長期來看，投資人配置基金的最終目的與實際獲利並不理想，難以透過投資基金來穩定獲利。基金的專業投資管理價值更是處在市場疲弱階段，專業備受質疑……。

當市場低迷時，基金績效普遍虧損，投資者肯定會質疑基金管理的價值與專業，認為投資基金根本無法避險。反觀當市場上漲時，基金的報酬率普遍較高，但由於投資人這時多半都已改去追逐其他熱門賽道上的金融商品，最後的績效表現，自然同樣不盡理想。

基金的超級熱銷都是在市場處於巔峰狀態時發生的，而市場登頂後的結果，必然就是一段時間的調整。我可以理解投資者希望透過股票、基金迅速致富的心情，但請試想，台灣經濟的平均成長率達 3.1%，遠高於新加坡、韓國與香港等亞洲經濟體的表現，更優於全球平均成長速度，上市公司作為國內企

業中的「優秀生」，平均淨值報酬率在 7% 上下，這就是股票市場長期整體漲幅的「錨」。短期可以大幅超漲，但漲多之後自然是一段時間的下修。所謂奔牛不斷加速瘋跑的結果一定是猝然倒下，歷史上太多投資者已經翻車多次，就請不要重蹈覆轍了。

全球無人能出其右的「股神」巴菲特，四十多年來的投資年化報酬率也只有 19% 左右，還不及股市投資人掛在嘴邊的一天一個漲停板。但如此不起眼的短期戰績並不妨礙他成為世界上最富有的那群人……。大多投資者往往高估了自己在短期內獲取超額收益的能力，同時低估了以「不積跬步，無以至千里」的方式，日積月累之後所能達到的最終成就。遑論很多曾經的「創新」基金，最終並沒有為投資者創造多少價值，僅僅成了一場博弈遊戲的主角。

∷ 評估基金績效的二大方法

我們應該如何有效投資基金？市場中的基金數以萬計，又該如何選擇？理論上，可以用於評估基金的方法如下。

1. 評估基金績效。是透過一些定量指標或定性指標，對基

金的風險、收益、風格、成本、業績來源及基金管理人的投資能力進行分析與評判。其目的在於 明投資者更好地瞭解投資對象的風險收益特徵、業績表現，方便投資者進行基金之間的比較和選擇。而國際上通行的一種方法是判斷基金的 4P，即 People（研究團隊）、Philosophy（投資理念）、Process（操作流程）和 Performance（投資績效）。

而評估基金好壞的另一個重要標準，就是查核基金的信用評等。

2. 基金信用評等。 這是指由基金評級機構收集有關資訊，透過科學定性定量分析，依據一定的標準，對投資者投資於某一種基金後所需承擔的風險及獲利進行預判，並且根據風險和預期獲利，對基金進行排序。而目前執行基金評級機構者計有美國的晨星評級（Morning Star）、標準普爾評級（S&P Global Ratings，簡稱標普）等，可謂相當專業。

那麼我們應該如何選擇適合自己的基金呢？

根據網路社群平台、App 推薦的基金，其所獲得的短期回報便是最高的嗎？實際上，我們買入後其大概率會成為短期表現最差的！因為長期回報就那麼多，前期的高回報早已提前透

支，後期的回報潛力自然就降低了，我們很可能還要爲之前的「盛宴」買單。你我必須明白，市場特徵就是變幻莫測，投資是不可能按原來的藍圖來實施。而我認爲，以下兩種方法正是簡單、有效的辨識技巧。

∷ 把握主動管理型基金的「雙十」原則

基金投資的核心是基金經理人，投資猶如是一場馬拉松賽跑，我們必須選擇具備長期優秀業績的「長跑明星」，就好比如果我是一位班主任，現在要選學生去參加「奧林匹克」數學競賽，那麼我肯定會選班上的「學霸」，而不選剛從其他學校轉學來的、自稱有超人潛質的學生。

那麼在數以萬計的基金經理人中選出優秀的「長跑明星」，應該很難吧？其實一點也不難！根據公開可查驗的資料，國內公募基金經理人中，任職超過十、平均年化報酬率超過 20% 者只有五位，十年間年化報酬率超過 10% 的也僅有區區四十位。看來也不過只有幾十個而已，所以實在太容易挑選了。因此，對於新發行的股票基金，只要直接對照這幾位基金經理人是否也在其中，就能決定該基金是否值得認購。對於現

存的老基金，選擇的標準也一樣。

　　一旦做了正確的選擇，就請長期「躺平」，忽略短期的估值波動，以便讓「長跑明星」為自己長期效力。至於何時考慮贖回？那就看看以下情況再說吧。

- **選定的基金經理人，不再直接管理自己持有的基金。**
- **選定的基金經理人，連續多年跑輸市場。**
- **因為急需用錢，必須贖回基金。**

∷ 堅守指數基金的「實用」原則

　　顧名思義，指數基金（Index Fund）就是以特定指數（如標準普爾 500 指數、納斯達克 100 指數、日經 225 指數等）做為投資標的物的指數，並以該指數的成分股作為投資對象，透過購買該指數的全部或部分成分股來構建投資組合，以便追蹤標的指數表現的基金產品。

　　一般來說，指數基金以減小跟蹤誤差為目的，使投資組合的變動趨勢與標的指數相一致，以取得與標的指數大致相同的收益。而按不同的分類方式，指數基金又可分為以下幾種。

1. 按複製方式。指數基金可分為以下兩種。一是完全複製型指數基金，力求按照基準指數的成分和權重進行配置，以最大限度地減小跟蹤誤差為目標。二是增強型指數基金，在將大部分資產按照基準指數權重配置的基礎上，也用一部分資產進行積極的投資。其目標為在緊跟基準指數的同時，獲得高於基準指數的收益。

2. 按交易機制。指數基金可分為以下四種。一是封閉式指數基金，可在市場交易但不能申購和贖回。二是開放式指數基金，不能在市場交易，但可以向基金公司申購和贖回。三是指數型 ETF（Exchange Traded Fund），既可在市場交易，也可以申購、贖回，但申購、贖回必須採用組合證券的形式。四是指數型 LOF（Listed Open-End Fund），既可在市場交易，也可以申購、贖回。

指數基金的優勢在於，第一是指數基金不需要投資者主動管理，交易費用低、管理費用低，因而長期回報潛力較高，而且能有效地規避投資者的非系統性風險（個股風險）。第二是在海外投資中，「簡單的往往是最有效的」。

一般投資人在進行海外投資時，也能透過選擇不同類別的

指數基金達到投資目的。最後是不同資產類別（如各地上市的股票、債券、大宗商品、貴金屬等）的配置，則是可以透過不同的指數基金（如 ETF 產品）來完成。

巴菲特說過：「指數基金是股票投資的不二之選，成本低廉的指數基金是過去三十五年最能幫助投資者賺錢的工具。」然而指數基金在股市中並未受到廣大投資人接受與選擇，箇中問題是甚麼？該如何把海外普遍通用的有效方法加以校正，好讓它們得以妥善地運用於國內股市之中？

．摒棄「懶人理財法」，分析市場估值並根據估值高低來擇時介入，這是策略成功與否的關鍵。

．適合精力、時間有限，或是不願花時間關注市場的投資人。

如果長期投資指數基金，只需先在市場總體下行的時候，設立定期投資計畫，然後在下一輪市場高漲時退出，順利形成所謂的「微笑曲線」，其獲利報酬自是相當可觀。最後是選取跟蹤對市場上有著足夠代表性的指數，以此獲得市場的長期平均回報。

添購保險，中產階級的避風港

當中產階級累積了一定的財富，希望享受「安穩的幸福」時，建議可以配置適當的保險方案，它可是財富進階管理中不可或缺的一步棋。

什麼是保險？不要去想那些附屬細則——免賠額、特殊附加險、除外責任條款，保險的本質就是風險共擔。你、我及其他人共同把錢放進一個由某家保險公司監管的資金池裡面。未來若有人遭遇不幸，便可從這個池子裡獲取資金。剩下的人繼續支付保險費但不會得到任何回報，然而人們對此心甘情願，因為這表明生活中一切均可平安無恙。

我們可以利用保險為自己提供經濟保護，以此應對各種不幸，包括房子毀損、家人或自己生病、發生意外車禍、殘疾或自己一旦去世後，家人頓時陷入貧困等窘境。

根據具體情況的不同，這些風險所造成的傷害程度也各有不同。例如若一個人在四十歲時突然死亡，對於那些在經濟上依賴他而存活的人來說，這將會是一個嚴重的問題，那麼購買人壽保險或許是一個好主意。而如果這個人是一個已年屆七十

的退休人士，這就不會對他人產生太大影響。畢竟活到七十歲了，兒女可能都已成家立業，這個人的配偶或許會為他的離世而感到悲傷，但是其經濟狀況反而有可能會更好一些。畢竟原本為兩個人準備的退休金，現在只需用於支付一個人的開銷即可，這意味著此時這個人不需要再購買人壽保險了。

思考一下我們所面臨的所有財務風險，如果自己有能力應對這些風險，就不需要為他買保險；如果風險所造成的經濟後果會嚴重到讓我們和家人無法承受的程度，那麼我們便或許需要買保險。我的建議是，購買我們需要的險種，並盡可能縮小保險範圍，意即選擇「剛需」（Inelastic Demand）險種。

如何選擇「剛需」險種？且從保險的定義及分類來描述。

保險是指以集中起來的保險費建立保險基金，用於補償被保險人因自然災害或意外事故所造成的損失，或者對個人因死亡、傷殘、疾病，或者達到合約約定的年齡期限時，承擔給付保險金責任的商業行為。

- **根據保險標的物：財產保險、人身保險。**
- **根據實施形式：強制保險和自願保險。**
- **根據業務承保方式：原保險和再保險。**

- **根據理賠或獲利標準：商業保險和社會保險。**
- **根據被保險人的差異：個人保險和商務保險。**

各保險公司的保險產品各有差異，不同的人群對同樣產品的優缺點，其容忍度也往往存在著差異，須知沒有最好的保險產品，只有最適合自己的保險方案組合。保險方案組合可結合自己的收入、家庭規模大小及自身健康狀況等去考慮。

⁛ 活用保險優勢，為美好人生加油

有人把保險比喻成飛機上的降落傘，雖然未必有用，但這份保障是實實在在的。我則更傾向於另外一種形容：若把不同的投資理財產品的組合比喻成一支「足球隊」，各式產品擔任著前鋒（如股票）、中場、後衛（如債券）等角色，那麼保險就是當之無愧的守門員，一旦發生情況，便得依靠它才行。

保險的具體功用是，利用集體的力量令個體能用最小的代價，防範不同生命週期的各種大風險；以相對較小的投入程度來承擔照顧家庭、子女的重擔；以當前力所能及的累積，確保將來的退休生活和醫療費有著落；作為有產人士財富規劃的一部分，確保財產以節稅的方式、以規劃好的分配方式轉移給下

一代……雖然保險的保障功能是其核心所在，但在台灣的保險實踐中，投資開始被凸顯，保障估能反而日漸弱化，我認爲這個現象反而更值得我們愼重對待。

投資型保單是屬於人壽保險的一個旁支，這類保險屬於創新型壽險，最初是西方國家爲防止經濟波動或通貨膨脹，恐對長期壽險造成損失而設計，之後演變爲客戶和保險公司「風險共擔、獲利共享」的一種金融投資工具。

投資型保險依照性質或目的，通常可以分爲以下幾類：分別是分紅險、萬能壽險、投資連結險。其中分紅險投資策略較保守，收益相對其他投資型保險爲最低，風險也最低；萬能壽險設置保底收益，保險公司投資策略爲注重中長期增長，主要投資工具爲國債、企業債券、大額銀行協議存款、證券投資基金，存取靈活，收益可觀；投資連結險的主要投資工具和萬能壽險相同，不過投資策略相對進取，無保底收益，所以存在較大風險，潛在增值性也最大。

固定收益的投資型保險（如分紅險、萬能壽險）的眞實回報率和銀行同檔次的定期存款利率相差無幾，而流動性則差之千裡。所以，財富保值增值的目標可以用投資理財的傳統產品

（如股票、基金等）完成，而家庭的保障則少不了保障型保險和保險規劃。而保障型保險主要是指傳統的具有儲蓄性質的壽險，這類壽險設有固定的保單利率，不會隨市場利率的上升而提高，也不會隨市場利率的下降而降低，投保人獲得的保障是一個確定不變的給付金額。

∷ 保障型保險常見的分類

其實對普通家庭來說，必備的就是保障型保險，尤其是一些基礎保險。一般保險公司提供的保障型保險主要有以下幾個品項。

1.壽險。當被保險人身故和全殘時可以獲得保單所約定金額的全額賠付。這是保障型保險中一種最通用、最實際的險種，通常也是性價比最高的險種。

2.意外險。被保險人因意外而發生的身故或殘疾，其中殘疾分很多等級，從最小的小拇指部分缺失到全殘都包含在內，保險公司按殘疾的程度給以不同程度的賠付。

3.重大疾病險。被保險人確診為保險規定種類的重大疾病可得到賠付，確診即賠付。投保人在投保時必須仔細瞭解重疾

的覆蓋範圍，以免萬一不幸染上某些消耗性重疾，卻發現無法得到保險的賠付而「空悲歡」。

4. 醫療險。 保險公司對被保險人住院或手術發生的各種醫療費用給予補償；按照實際發生費用的一定比例賠付，病種不限。

5. 長照險。 由被保險人在保險公司儲蓄養老金，保險公司扣除一定的初始費用後，以比銀行定期利率略高的利率複利增值。等到被保險人需要養老的時候，從這個帳戶中領取養老金。

從本質上看，每個人所必需的就是定期壽險－最簡單的往往是性價比最高的。定期壽險是指在保險合同約定的期限內，如果被保險人死亡或全殘，則保險公司按照約定的保險金額給付保險金；如果保險期限屆滿，被保險人健在，則保險合同自然終止，保險公司不再承擔保險責任，並且不退回保險費。定期壽險的保險期限有十年、十五年、二十年甚至到了五十歲、六十歲等約定年齡的多項選擇。

定期壽險具有低保費、高保障的優點，保險金的給付將免納所得稅和遺產稅。越是在年輕時，越應該購買，因為年輕時認購的保費要比年長時低得多。等到自己覺得需要時，往往已

經超過保險公司願意受保的年齡了。

另一種比較「剛需」**2** 的保障型保險就是重大疾病險。此險是指由保險公司經辦的以特定重大疾病，如惡性腫瘤、心肌梗塞、腦出血等作為保險對象，當被保人患有上述疾病時，由保險公司對所花醫療費用給予適當補償的商業保險行為。

這是個人對由國家提供的健保計畫以外的重要補充。

⸭ 配置保險的基本原則

其實大多數時候，我們備足上述兩種保障型保險就有了基本保障，其他的則是錦上添花。不同保險公司推出同樣的險種，其實際保障範圍相似而保費相差甚遠，值得我們貨比三家，選出最適合自己的。所以我們應如何為自己的家庭規劃保險呢？

我建議在規劃之前，理應瞭解保險計畫的基本原則。

1. 把家庭成員視為一個整體，規劃最適合自家情況的保險計畫。

2. 遵循「無法承擔的風險先保，對財務影響最大的風險先保」的原則。

因此，一個家庭中首先應該被保障的成員應該是家庭經濟的頂樑柱，也就是經濟支柱。當家庭遇到任何風險時，只要頂梁柱還在，財務問題就可以解決，反之若頂樑柱塌了，整個家庭就會陷入癱瘓。

　　各種險種當中，首先應該考慮的是家庭頂樑柱的壽險、意外險和重疾險，其次是發病率較高的家庭成員的重大疾病險。很多家庭有了孩子後先給孩子買保險，雖然從感情上說得通，一切為了孩子，但這種思路是不正確的，應該先保大人。只有大人有了保險，萬一出事了，孩子的撫養和教育才有經濟來源。

　　3. 購買長照險和子女教育險。總而言之，保險計畫應以簡單實用為基本原則。而保險的對象應為家庭的經濟支柱，因為「保了雞才會有蛋」。只有掌握了這些保險基本原則，才會有能力掌握保險計畫的主動權，避免被專業水準有限而職業操守欠佳的保險經紀人欺騙和誤導。

外匯投資，讓理財組合更多元

　　近年來，不少投資者具備海外資產多元化配置意識，持有不少外匯資產。不同的外匯幣種該如何選擇配置？哪家外匯資產更值得持有呢？我認為，如美元能有所回檔，就是增加配置的一個好機會。原因如下。

　　1. 美國整體經濟已從上一輪金融危機中復甦，持續穩定增長。雖然 2020 年的新冠疫情打壞了美國經濟持續十年的擴張，但隨著疫苗的接種率及病毒的自然感染力的雙重提升，美國社會逐步恢復開放，經濟增長漸漸回到正軌。

　　2022 年公佈的資料顯示，2021 年第四季的美國實際國內生產總值按年率計算，增長 6.9%；2021 年美國經濟增長 5.7%，為近三十八年來的最高增長。長期來看，美國經濟增長也優於歐元區、日本、加拿大、澳洲等發達經濟體。經濟增長的相對強勢最終會體現為幣種的相對強勢。

　　2. 自 2022 年起，美國持續收緊貨幣政策，利率穩步上行。在美聯準（The Federal Reserve）的聲明中，美國政府明確表態將「縮表」提到議事日程上。貨幣的收緊加上利率的優勢，

定會讓美元較其他幣種更具吸引力。從（圖2-2）中可以看出，美元指數處於上升週期。根據歷史經驗，美元指數的漲跌週期中一般比較長的回檔只是一個插曲而已。

3. 美元的資產品項豐富，有利於投資增值。 美元是國際上最廣為接受的幣種，也是投資工具最為豐富的幣種。以美元計價的投資品種眾多，如房地產投資信託基金（REITs）、房貸支持證券（MBS）、資產支持證券（ABS）等。對於不同風險偏好的投資者，總有一個投資組合能與之匹配。因此，把大部分外匯資產配置在美元中本屬理性的選擇。然而根據「不要把雞蛋放在同一個籃子中」的經驗，在外匯資產配置以美元為核

圖 2-2　美元指數長期走勢

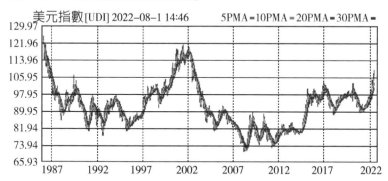

資料來源：東方財富網資料

心的基礎上，實現多元化配置也是十分必要的做法。

所以除了美元，還有哪些外匯幣種值得配置？

我認為應首選英鎊（見圖 2-3）。英鎊從 2016 年英國「脫歐」而遭到拋售之後，長期處於被低估的狀態，而英國經濟基本面與歐盟國家相比不差，長期增長潛力也在發達國家中居於前列，英鎊目前所處的地位為投資者提供了適當配置的機會。

此外，歐元也是一個可以考慮的外匯幣種。歐元區的種種不穩定及經濟復甦乏力已讓歐元持續走弱多年，2022 年上半年，歐元區加息較美國明顯停滯後，更令歐元跌至幾乎與美元平價的歷史低水位。隨著疫情的逐步平復、社會逐步開放，

圖 2-3 英鎊兌美元長期走勢

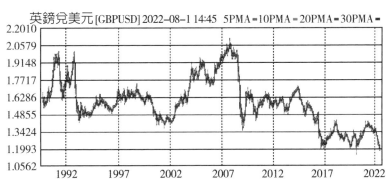

資料來源：東方財富網資料

歐元區經濟開始復甦，歐元的長期弱勢也讓歐元出現價格優勢（見圖 2-4）。

　　還有一個值得選取的外匯幣種就是日圓，日圓幾十年來一直在 1 美元兌 120 日圓，以及 1 美元兌 80 日圓之間盤桓。待貶值接近 120 日圓時，就是買進好時機；待升值接近 80 日圓時，自然就是賣出好機會。

　　2022 年年初的價格是 110 日圓，然而 2022 年年中，因為日本央行依然堅持實行負利率，使日圓與步步高升的美元利率之間的利差擴大，美元兌日圓的匯率進一步跌至 1 美元兌 135 日圓的歷史新低，日圓的買入機會已然來到（見圖 2-5）。

圖 2-4 歐元兌美元長期走勢

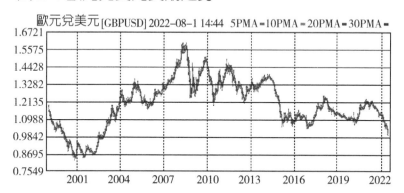

資料來源：東方財富網資料

其實，外匯交易是可以成為一個有吸引力的投資機會。投資者既可以系統性地買入並持有某些外幣以待其大幅升值，又可以根據對基本面和技術面的分析，進行不同外匯之間的短線交易。

　　而外匯資產作為一個資產類別與其他大類資產（如股票、債券、大宗商品等）的相關性極小，即使是金融危機來襲，當其他資產類別價格普遍大跌時，外匯資產也是一個很好的對沖工具。當然，前提是不要以財務槓桿來做外匯交易，否則投資者很可能在市場不同外幣匯率的大幅波動中，血本無歸。

圖 2-5 美元兌日圓長期走勢

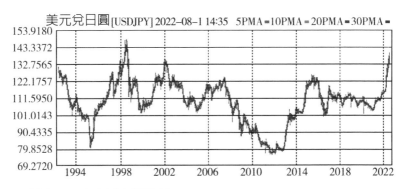

資料來源：東方財富網資料

進軍房地產，資產進階的最佳工具

　　國內房地產，無可爭議的是國內投資者過去十多年來有效的投資理財工具。比起股市，它的門檻高，而且房貸讓房地產投資加上了槓桿。房市時刻牽動著民眾的心思，也是近年來大家熱議的話題。我認為，對大多數中產階級而言，擁有自己的房子是基本配備。若以自住為目的，本就應該是買得起就要買。因為對絕大多數的中產階級而言，房子能夠帶來穩定的幸福感。

　　然而從投資角度來看，國內房地產發展已來到高位，並非保值、抗通脹的最優選擇，也不是毫無風險的產品。投資房地產需要格外慎重，同時要拓寬視野，調整理念，應該改從資產配置的角度投資房地產，而不應只拘泥於國內的商品住宅投資。具體投資策略則應考慮以下幾個面向。

⠶ 鎖定蛋黃區，尋找「黃金地段」

　　國內房地產市場充滿泡沫是不爭之實，如此的市場環境下，有實力的富人群族理應不該繼續大規模增加房地產在資產

配置中的比例的。我們沒必要為投資而買入價格已在難以接受的範圍內的房子，讓自己背負房貸壓力。

　　儘管在投資組合中，超額配置房地產在現階段實屬不可取，但若負擔能力沒問題，我們也的確需要買房自住，處在這種情況下，購房未嘗不可取。不少人擔心房價長期下跌，但我們所買的房子畢竟是自用的，漲跌其實與我們並不相干，因為我們買它是奔著使用價值而來，無論市價漲跌，使用價值是不會改變的。當然，漲比跌好。所以，有何投資策略來增加投資勝算？

　　香港的地產大亨李嘉誠曾說過：「決定房地產價值的因素，第一是地段，第二是地段，第三還是地段！」這句話一直以來被房地產業者奉為金科玉律。地段投資的影響因素有不少，主要則是。

　　1. 市場供求行情。一個地段的好壞，最終體現在供需上，該地段的好壞與市況前景，絕對是正相關。

　　2. 地段的自然條件。包括該地段與市中心的距離、土地承載力、地形地勢、日照、自然災害等。

　　3. 地段的社會因素。包括該地段附近的城市基礎建設情

況、附近的房地產情況、社會治安等。

4.地段的環境因素。包括空氣污染程度、雜訊大小、綠化程度、市容等。

5.地段周圍的經濟條件。包括當地的經濟發展狀況、物價水準、入住民眾的薪資水準、儲蓄利率、投資水準等。

對照上述標準，一線城市的黃金地段，肯定是投資相對較佳的選擇。而且考慮到城市核心地段土地資源的緊缺的問題，投資風險肯定是相對較小的。

∵ 挑選「基期低」的商辦住宅

如果希望以持有物業的方式來投資，自身又能承擔風險，那麼我們可以考慮價格倒掛 **3** 下的商業地產。以台北市東區為例，同檔次的商業地產（如店面）的價格要比住宅價格低一半，其租金的回報潛力反而大於住宅。將商業地產作為長期投資，有較好的防禦性。

如何在考慮商業地產投資回報的同時控制好風險？租金回報率和長期的升值潛力都是要考慮的關鍵點。針對不同類型的商業地產，投資決策前需要評估的關鍵點略有不同。

1. 店面。關於投資店面，有業內人士總結出三點建議。

首先，地段依然是關鍵，因為地段決定人流，也決定了租賃者對店面的興趣；其次，必須瞭解當地的城市規劃，這將決定店面的長期投資前景；最後，一定要關注店面目前的租金報酬率，這是決定我們的投資能否承擔風險的關鍵。

近幾年，實體店面的生意受到電商進駐的重大衝擊，投資時更應小心謹慎。

2. 酒店式公寓。投資酒店式公寓要把握三個基本要素。首先，該區域內要有完善的商業配套，例如一站式服務，購物、休閒、餐飲、娛樂都能享受到；其次，交通要便捷，無論是公共運輸系統還是周圍道路建設，都要充分考慮到；最後，出租率高是公寓的價值保障關鍵，所以請仔細考察附近的商務客流。

3. 辦公大樓。此項投資需要評估的關鍵點是地段、品質和物業。商業大樓一定要處於城市繁華區域或極具升值潛力地段，此外擁有優良的物業管理及符合高端商務人士的生活配套，也是投資時的觀察重點。

∷ 進軍海外市場，開拓視野

　　由於近年來國內經濟高速發展帶來的私人財富的快速累積，以及國內高房價造成的「擠出效應」，投資海外地產十分紅火。以溫哥華爲例，20 世紀 90 年代初，香港房價處於巔峰狀態，移民的港人賣掉在香港的一間「鴿籠子」大小的公寓，得到的資金就足夠買下地處溫哥華的一套獨棟別墅。來自香港的新移民在溫哥華瘋狂「掃樓」，更讓當地樓價急速飆升。其實，海外物業的價格很低，租金報酬率很高，性價比較高，而且，海外買房多不限貸、擁有永久產權、可自由買賣，省卻了許多麻煩和擔心。2019 年，我曾走訪歐美多個國家，特地花時間去深入瞭解當地房價，在此正好把當時的觀感與讀者分享。

　　在大家的印象中，「永遠漲」的不只是美國股市，還有溫哥華的房價。溫哥華被認爲是全球最適宜居住的城市之一，氣候溫和，雪山、大海相映，景色優美，吸引全球各地的投資者，其房價也是北美城市中最高的。

　　溫哥華的城市管理者爲了控制房價，除了一直按房價的市值徵收房產稅（房價漲了，房產稅就水漲船高；房東負擔不起就要賣房子），2018 年以來還連續祭出印花稅、房屋空置稅等

政策，希望對投機者進行精準打擊，具體包括以下幾個方面。

（1）外國人購房稅率從 15% 上漲到 20%，徵稅範圍擴大到大溫哥華地區之外，包括溫哥華島南部、中奧卡納干地區（Regional District of Central Okanagan）和弗雷澤河谷（Fraser Valley）的其他 BC 省（不列顛哥倫比亞省）的主要城市。

（2）BC 省甚至新增一項「投機性稅收」，用以遏止空置房屋現象。

（3）物業轉讓稅方面，對價值超過 300 萬加幣的房產，將徵收的轉讓稅從 3% 上調至 5%。

出於對自身風險管理的考慮，溫哥華各大銀行更是嚴格執行對房貸申請人的收入、首付來源的審核。經過一系列市場化的調控，加上近期利率不斷上行，與幾年前相比，大溫哥華地區的樓價已經普遍下調，而且作為買家還可以進一步壓價。

透過溫哥華地方政府的政策推動，足以證明在調控房價時，只要妥善運用稅收等市場化手段，便可在增加投機者的成本之餘，再次增加政府收入，房價也能被有效控制。不過，調控房價也是有代價的，畢竟房價下跌，當地經濟的增速也會降溫，直接受到重大打擊的則是在大溫哥華地區討生活的兩萬多名房產經紀人。

⊰⊱ 租金回報合理，產權可永久確定

　　從長期投資的觀點來看，全球範圍內的房地產投資機會不會比只限於國內範圍的投資機會少，**透過投資海外地產也可以有效分散國內單一市場的系統性風險**。對於有條件的投資者而言，透過購置海外房地產、農場、酒莊等進行海外投資和理財，還可以在一定程度上，達到分散國內投資風險的目的。當然，**投資海外房地產，必須充分評估境外投資所存在的政治、政策、市場、匯率等風險**。通常，美國、加拿大等主要西方國家要徵收房產稅，而且每年應繳的房產稅額與房子的市價是正相關的。作為房東，每年要繳納房屋價值 1% ～ 2% 的房地產稅，若是想出租，由於要聘請當地人進行管理，還得額外繳納租金的 5% ～ 10% 作為管理費用，這些都是要考慮在內的投資成本。

　　如果真正以長期投資房地產為目的，結合穩定租金回報的合理性及永久性產權的確定性等有利因素，那麼我們是可以考慮投資英、美等發達市場的房地產（須留意全球稅網等一系列因素，或者配合家庭財富規劃、子女海外教育規劃一併考慮）。事實上，這兩年英、美的房地產價格波動很大，先隨新冠疫情導致的全球流動性氾濫而大幅上漲，後隨各國快速加息而明顯

下跌。因此，**租金報酬是否穩定，依然是把發達國家地產視為良好資產配置的重要考量**。

總之，從投資理財角度，配置房地產（不建議超配）作為整體投資理財組合的一部分，必須量力而為，並且要以「地段」為主要考慮方面，這是降低房地產投資風險的有效途徑。對於高資產淨值的投資者，多元化的原則也適用於房地產投資，商業地產、海外地產，上述都是較好的投資選擇。

---

1. 這是馬克思參照大衛・李嘉圖的經濟學理論之後，提出的政治經濟學核心論之一。
2. 指在供需關係中，受到價格影響較小的需求。簡單說就是最迫切的需要，或可說就是人類的基本需求。
3. 簡單說就是同一個區域內的中古屋價格高過新成屋。畢竟基本上來說這是不可能出現的情況，但對於市場供不應求的地段來說，便很容易出現「價格倒掛」的現象。

| Chapter 3 |

我們終將變富有……

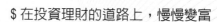

$ 在投資理財的道路上，慢慢變富

$ 堅持「價值」投資，實現穩定的幸福

$ 選、等、守─實現「10 倍報酬率」的必勝心法

| 3.1 |

在投資理財的道路上，慢慢變富

在前面的章節中，我們已循序漸進地瞭解理財的正確觀念，明白如何設定適合自己的目標，學會如何走上投資理財的正道，以及如何辨識並避開各種陷阱。那麼接下來，我們就可以一起沿著投資理財的正道，慢慢地變富有了。

想要實現財富自由，必須有足夠的經濟實力來給予保障，透過投資理財來實現財富保值增值，其實就如同參加馬拉松賽跑一樣，想要贏得比賽，你就得「慢慢」實現。那麼，「慢慢變富」的目標是什麼？我個人認為，「慢慢變富」的努力目標

就是實現「10 倍報酬率」。

讀到這裡，投資者可能依然不認同「慢慢變富」這個說法，認為還是集中投資在少數投資品項上，自然就可以馬上變富。然而世上沒有只漲不跌的投資品項，投資大眾認定的某些績優股，其價格持續上漲的背後，往往有以下幾個重要因素。

· **唯一的終極供應者，漲價過程中獲益也最多。**
· **在長期的價格上漲過程中，深獲投資人一致看漲。**
· **無處安身的龐大金流，推動供應有限的標的物大漲。**

那麼，這些績優股能否為投資者，實現財富保值增值的目標呢？

就過去而言，答案是肯定的。至於將來如何？那可就不一定了！從長期而言，畢竟若根據以上已經分析的三大原因，績優股的價格是會保持上漲趨勢的，但在上漲的過程中會有大的反覆，也會經歷明顯的調整。如果低價買入，沒問題。如果高價買入，那麼根據「均值回歸」原理，今後很長一段時間投資回報的潛力就非常有限。而且，與所有的投資品一樣，再怎麼穩賺不賠的好股票依舊擺脫不了「鐘擺效應」，短期會漲過頭，也會跌過頭。

從理性投資與資產配置角度我們能做到的是，當這類資產過熱之時，不妨與它們保持一定距離，等其適度冷卻到價格相對合理時再考慮參與也不遲。讀到這裡，大家可能問：前面說了「不要炒股票」、「不要認為台積電永遠會漲……」，而投資理財又少不了股票這類進取型資產，來幫我們實現慢慢變富，遑論股市還有所謂長期的「熊長牛短」理論，那我們又該如何「穿越牛熊」？

其實我們在前面也曾分析過，只有股票這類資產才能讓我們獲得高回報，而價值投資是讓投資者實現長期穩定高回報的關鍵。採取價值投資策略，在獲得長期高回報的同時，也會受到市場波動的影響，只有進行合理的資產配置，我們才能有足夠的流動性強、波動小的資產來應對日常所需，把投資股票的部分資產安心地用於堅持長期投資、價值投資，忽略短期的波動而收穫長期的複利。

有了合理的資產配置，在投資者的理財組合中才有低風險的理財產品、銀行存款、保險產品等，就好比在前面提到的投資理財棋局中，因為後方有了「士」、「相」等人才鞏固後防，「車」、「馬」、「炮」等士兵就可以全力以赴地打勝仗去。

那麼，在資產配置與價值投資方面，特別是後疫情時代，我們還要注意哪些事情呢？

後疫情時代，投資理財的「3 不」與「3 要」

長期來看，資本市場總是呈現螺旋式上升的，然而自2019 年新冠疫情影響後，國際市場已分別出現多檔較大波動，多數企業連帶也受到不同程度的影響。這個大幅波動不僅讓一般投資人難以承受，就連「股神」巴菲特也蒙受虧損。我們該從這次因全球疫情所引發、讓投資者膽戰心驚的資本市場「雲霄飛車」之旅中，學到什麼寶貴經驗呢？

1. 投資界的「常勝將軍」……？這通常只是一個傳說。全球公認的「股神」巴菲特，在 2020 年的第一季可謂是「損失慘重」。「股神」投入 70 億～ 80 億美元大量持有的美國四大航空公司（美國航空、達美航空、西南航空、聯合航空），業績因疫情影響而遭受巨大虧損，而他認為疫情對航空公司的影響深遠，航空公司的經營前景不再樂觀。於是，他選擇了認賠出場，全面清倉。

巴菲特在疫情前對航空業的重點投資，後來被證明是一個「錯誤」的決策，他的這項投資可說是大失敗。但其實「錯誤」與「失敗」本就是投資理財的一部分，畢竟連普世公認的「股神」都難以避免，遑論是我們這種一般投資人。

　　2. 沒有「只漲不跌」的投資。從 2009 年到 2021 年底，美股在一片「唱衰」聲中穩步上漲，爲投資者大衆樹立美股「永遠漲」的預期心理。然而就在 2022 年第一季之後，央行持續加息的策略，反而成爲壓垮美股的最後一根稻草，就連巴菲特掌旗的公司波克夏・海瑟威也無法倖免。疫情中，美股的大幅下修以及 2022 年年初因「聯邦準備制度」（Federal Reserve System，簡稱美聯準）開始收緊流動性 **1**，進而帶來的市場顯著回檔，這些再再清楚地告訴我們，這世上從來沒有只漲不跌的投資，也不會有只跌不漲的市場，留下的只有永恆的週期。

　　3. 投資的具體走勢，始終難以預測。任誰也無法提前預見，像是爆發新冠疫情這樣的「黑天鵝事件」。這對全球經濟和居民的健康有著重大影響，大家無論從物質上、心理上都是毫無準備的，因此引發市場極端現象，例如 2020 年 4 月，國際油價每桶來到負 37 美元，價格令人瞠目結舌。既然我們無

法預見對市場影響巨大的「黑天鵝事件」，那麼今後面對各種對市場及投資品項走勢的短期預測，自然就更不必花費時間去關注，何不把精力放在探討如何有效應付市場的高度不確定性上面，理應更有價值才是。

後疫情時代，面對經濟基本面與市場走勢的高度不確定，投資者需要避開什麼陷阱？我建議大家要做到以下「3 不」。

⁂ 「1 不」：不做槓桿，拒絕冒險

儘管「股神」巴菲特始終看好投資股票，但他在 2020 年疫情期間的線上股東大會上亦明確表示：「現在買入，時間也許是對的，但下週一開盤，股價也可能會下跌，我們根本無法預測，所以務必要做好應對疫情的長期準備。」

對於價格在疫情期間處於歷史低位的原油，巴菲特則表示，原油生產未來幾年將會顯著下降，因為需求大幅下降，每桶 20 美元的油價是無法讓石油企業穩定經營下去的，或許就連鑽井活動的數量都會明顯下降。實際上，投資者既不知道未來油價是否會顯著增長，也無法預測產油企業的未來。如果油價一直處在低檔，未來將會有大量的不良能源貸款出現，我們

將無法想像股權持有者會遭遇什麼危機。然而到了 2022 年年初，國際油價隨著經濟復甦及通貨膨脹高漲，又開始奔向 100 美元的高位。

總之，面對投資市場的種種「不確定性」，習慣使用槓桿投資的人們無異於「舉著火把穿過炸藥庫」，未來即使全身而退，也不能改變這根本就是一種愚蠢行為的事實。

⫶⫶⫶ 「2 不」：不隨大流，謝絕跟風

得益於美聯準「降息到零，無限 QE」的超級寬鬆貨幣政策，美股持續多年的漲勢，這讓美股「永遠漲」的信念，在投資者心中得以被強化。這世界上真有只漲不跌的投資市場嗎？

顯然不是。

因為就連美股熔斷，也顯得再稀鬆平常不過了。

當市場持續上漲時，投資者一致看好；當市場下跌時，投資者又一致保持極度悲觀的態度。這種投資者跟風隨大流的現象在成熟市場實屬常態，歷史總是一直在重演。但至於結局真與過往不同嗎？我想有必要提醒一下大家，在投資中代價最大的一句話就是：「這次不一樣！」

投資者會說：「不能錯過這次牛市中的各種『熱點』機會，我一定要搏一把。」那麼請允許我提醒一下：如果對計畫投資的公司沒有進行深入的研究，沒有很大的把握就隨便參與，盈虧全憑運氣，那麼你極可能會以失敗告終。

　　大多數投資者都過於關注股市的短期表現，加上容易跟風冒進，尤其是在市場劇烈動盪的時候⋯⋯。這種惡習將導致他們在市場大漲時情緒亢奮，在市場低迷時愈發低落，常會得到事與願違的投資苦果。我們需要明白股票的基本價值取決於公司的長期獲利能力。在市場大漲或大跌的情況下，股票看起來不過是帳戶報表上的數字變動，而這些數字總是在極度膨脹或極度萎縮。但隱藏在股價背後的則是實體經濟企業，它提供人們每天都在購買的商品和服務。投資者要認可蘊藏其中的價值，相信其股價最終是會回到應有水準之上的。

⠿ 「3不」：不熟不做，堅持簡單

　　金融市場上下翻騰，激動人心，各種「創新」產品讓人「神魂顛倒」。然而，簡單、便宜的工具才是財富管理的最佳利器。請記住這幾句忠告：「如果我們不懂某個產品，請不要購買；

如果我們沒有完全理解某個策略，請不要採納；如果投資成本過高，就去尋找較便宜的其他選項或乾脆略過不看。」

對於股票投資，巴菲特曾多次說道：「指數基金是股票投資的不二之選，成本低廉的指數基金是過去三十五年內最能幫投資者賺錢的工具。」

「股神」在自己的投資組合裡也配置了不少指數基金這種簡單、便宜的投資理財工具。所以請牢記：在金融領域，複雜雖然可能意味著精密，但也很可能是誆騙投資者的把戲。那麼投資者要做到的「3 要」又是什麼？我認為是以下三點。

⠿ 「1 要」：認清自己

幾乎可以肯定的是，我們難以挑選到具有超高投資回報的股票，也不能找到能夠替我們這麼做的「常勝將軍」。簡而言之，就是難以實現一夜暴富。但是，依靠耐心和韌性，我們可以穩健地執行投資理財，累積足夠的財富，讓自己過著美好的生活。

因此，保持謙卑，我們只要認識到自己在投資理財專業上的不足，以及人性弱點，就能贏在投資理財的起跑點上。

∷ 「2要」：忍耐與等待

根據我的個人實踐經驗，說到投資與理財，我們的大部分時間其實是在等待與忍耐中度過的。密西根大學史蒂芬‧羅斯商學院（Stephen M. Ross School of Business, University of Michigan）教授塞伊洪（Nejat Seyhun）發表過一篇論文，他統計了從 1926 年到 2004 年的美股投資報酬率，得出年複合報酬率可達到 10.04% 的結論。也就是說，如果在 1926 年以 1 美元投資美股，等到 2004 年時，這 1 美元將會變成 1,920 美元。如果剔除這累計的九百四十八個月中獲利表現最好的十二個月，年複合獲利率就會下降到 7.01%，總收益一下子變成原來的十分之一，僅為 197 美元。如果擴大範圍，剔除獲利表現最好的四十八個月（意指 5% 的交易時間），投資股市的報酬率將比同時投資美債的報酬率都要低，1 美元瞬間變成 7.46 美元。

可以這麼說，這短短 5% 的交易時間，竟貢獻了美股絕大部分的獲利，剩餘 95% 的時間則都是平淡無奇的。實際上，熱衷於猜底測頂、追逐熱點，往往會錯過大部分上漲而全程參與下跌。因此，要獲得長期優秀的資本市場投資回報，保持全程參與投資，特別是在絕大多數的平淡日子裡持續堅持，這絕

對是必要的關鍵。

我始終認同**「價值投資」的方法就是，「選」好公司，「等」合理價買，堅「守」長期持有**。「選」很難，因為需要有善於識別好公司的慧眼；「等」更難，因為除了需要有過人的耐心，還需要有抵抗市場波動誘惑的意志力；而「守」更是難上加難，因為除了要有耐心、意志力，還需具備韌性，學會忍耐，畢竟學會等待與忍耐，才是投資理財成功的必修課。

∴ 「3 要」：合理的資產配置

許多投資者都知道，**投資理財的正道應是透過適當的資產配置，取得與所承擔風險相匹配的合理回報，避免把所有雞蛋都放在同一個籃子裡**。可惜，真正能夠做到知行合一的投資者並不多。過去十幾年來，國內房價持續上漲，但對廣大民眾來說，集中投資房地產似乎已是趨利避險的最佳解方。然而世上從來沒有只漲不跌的投資品項，假如房地產是投資標的物，那麼它必然有上漲和下跌的週期。至於上漲週期何時完結？我想，從「房住不炒」這句話應該可以看出端倪，房價上漲的趨勢理應告一段落……。

至於黃金，我認為是一個很好且與其他大類資產不盡相關的投資標的物，它能夠實踐一定程度的避險功能。然而如果我們把時間線拉得夠長，就會發現黃金其實並不是一個很好的投資品項。因為黃金本身無法產生新的收益，過去是「金本位」的年代，鈔票一旦印太多，黃金就會顯得益發保值，但就目前全世界趨勢而言，早已不再是一個金本位的年代，因此黃金不能完全對沖掉印鈔帶來的通貨膨脹風險，也不能在全球印鈔機高速開動的時刻，讓我們成功實現財富保值。

　　歷史明確告訴我們，投資黃金的投資報酬，要比投資股票的投資報酬低很多。為了應對因疫情而引發的經濟衰退，全球央行都在競相推行寬鬆的貨幣政策，之後通貨膨脹將會不可避免地如期而至。在這種情況下，我們僅有「不思進取」的防禦計畫，卻沒有找到積極進取的方法是肯定行不通的，因為如果只有防禦計畫，一旦通貨膨脹真的來臨，我們儲蓄的資金撐到最後就會被通貨膨脹全數「吃」掉。因此，我們應該**充分利用市場每一次的走低時機，透過合理的資產配置來抵禦通貨膨脹，藉以實現財富的保值增值。**

資產配置的「再平衡」，讓投資理財更趨平穩

投資的目標是低買高賣，但要想真正實現目標，則須從資產配置開始做起。我們應該為基本的股票和債券組合設置目標百分比。此外，如果我們計畫將另類投資和現金投資也納入投資組合中，那麼更應該為這類型投資設置配比。例如我們的目標配置有可能是 55% 的股票、35% 的債券、5% 的另類投資和 5% 的現金投資。建議大家每隔一段時間，都應該查看一下投資組合中，各項投資的佔比情況。

如果現有的股票投資配比超過原定計劃的 55%，當股票價值在市場反彈的驅動下增加時，我們就應該出售一些股票，讓股票投資配比回到與目標設定值一致的水準。相反地，在市場下滑期間，我們會發現自己的股票比原計劃的少了一些，在這種情況下，我們應該從投資組合的其他投資中轉移出一些資金給股票，確保股票投資配比回升至 55%。

我將這種不定期調整投資組合的過程稱為**「再平衡」**。我們每年至少應該進行一次「再平衡」，如果一次大的市場波動讓我們的投資組合配比嚴重失衡，那麼「再平衡」的頻率也許

還應該要更高。這個「再平衡」的過程會迫使我們低買高賣。由於將股票投資配比保持在一個既讓我們感覺舒適又適合我們的投資期的水準，我們便能妥善控制所應承擔的風險。

如果不想花時間與精力去做投資組合的「再平衡」，那麼也可以試著持有生命週期退休基金或是「基金中的基金」（Fund Of Funds，FOF）**2**。我們在持有這些基金時，基金管理人會根據市場的變化調整不同資產類別的佔比，替我們進行「再平衡」工作。透過合理的資產配置，實現投資組合的穩定性，建立正確的財富觀，這樣就能實現精神上的滿足、物質上的富裕，逐步實現「慢慢變富」的目標。

---

1. 流動性陷阱（Liquidity Trap）又稱凱因斯陷阱，是經濟學家凱因斯提出的理論。指某個貨幣政策一旦無法刺激經濟，或預期經濟不景氣出現（例如通縮、戰爭），無論祭出降低利率或增加貨幣供給量也依舊失效，進而當導致持有流動性資產者不願投資。
2. 基金依照投資標的物，一般可分為股票型基金、債券型基金、平衡型基金、貨幣市場型基金、組合型基金，而組合型基金又被稱為「幫你買基金的基金」，因此有人乾脆戲稱這是「基金懶人包」。

| 3.2 |

堅持「價值」投資，
實現穩定的幸福

在投資理財中，股票如同象棋中的「車」一樣重要。前面章節分析過，長期來看，在所有的資產類別中，長期回報率最高的就是股票類資產。因此，實現財富自由少不了投資股票這個重要的品項。股票這種進取型工具可以幫助投資者取得長期、合理的高報酬，實現財富自由。

所以，投資大眾應該如何駕馭股票投資，邁向穩妥的幸福人生呢？

跨越牛市、熊市的股票投資法

　　股票市場的特徵就是有波動性與週期性，牛市與熊市總是交替出現，為投資者帶來無盡的喜與悲。2020 年第二季以後，股市持續上漲，投資大眾多半認為牛市又來了……。

　　那麼，牛市來了，投資人就可以賺大錢了嗎？

　　不！其實結果往往正好相反。

　　且看歷史上的牛人是如何在牛市中栽跟頭的。「牛市」意味著市場充斥著各種概念，機會層出不窮，更意味著多數的投資標的物的價格其實會被高估，導致越來越多的投資者躍躍欲試，積極參與熱點炒作。但投資者若以博弈的心態參與熱點炒作，這在股票市場上是肯定難有勝算的。因為就連物理學家牛頓（Sir Isaac Newton）都曾吃過大虧（見圖 3-1）。

　　「南海泡沫事件」發生於 17 世紀末到 18 世紀初。長期的經濟繁榮使得英國私人資本不斷集聚，社會儲蓄不斷膨脹，但因為投資機會並不多，大量的閒置資金迫切尋找出路，而當時股票的發行量極少，擁有股票其實是一種特權。在這種情形下，一家名為「南海公司」的股份有限公司（South Sea

圖 3-1 物理學家牛頓，投資「南海股票」範例

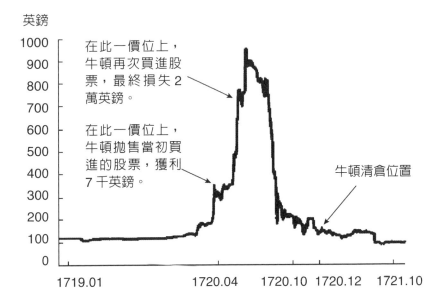

英鎊

在此一價位上，牛頓再次買進股票，最終損失2萬英鎊。

在此一價位上，牛頓拋售當初買進的股票，獲利7千英鎊。

牛頓清倉位置

Company，簡稱南海公司）於 1711 年在英國宣告成立。

「南海公司」成立之初，是為了支持英國政府債信的恢復（當時英國為與法國爭奪歐洲霸主發行了巨額國債），認購了總價值近 1,000 萬英鎊的政府債券。而英國政府作為回報，於是同意對該公司經營的酒、醋、煙草等商品實行永久性退稅政策，並給予其對南海（即南美洲）的貿易壟斷權。當時，人人

都知道秘魯和墨西哥蘊藏大量的金銀礦藏，只要能將英格蘭的加工商送上岸，數以萬計的「金磚銀塊」就會源源不斷地運回英國。

1719 年，英國政府允許中央債券與「南海公司」的股票進行轉換。同年年底，南美貿易障礙掃除，加上公眾對股價上揚的預期，促進了中央債券向股票的轉換，進而帶動股價上升。1720 年，「南海公司」承諾接收全部中央債券作為交易條件，英國政府要逐年向「南海公司」償債，「南海公司」允許客戶以分期付款的方式（第一年只需支付 10% 的價款）來購買公司的新股票。1720 年 2 月 2 日，英國下議院接受「南海公司」的交易，「南海公司」股票價格瞬間從每股 129 英鎊（約合新台幣 5,422 元）跳升到每股 160 英鎊（約合新台幣 6,728 元）；當英國上議院也透過議案時，股票價格上漲到了每股 390 英鎊（約合新台幣 16,390 元）。

投資者趨之若鶩，其中包括半數以上的參眾議員，就連國王也禁不住誘惑，認購了價值 10 萬英鎊的股票。由於購買踴躍，股票供不應求，「南海公司」的股價狂飆，從 1 月每股 128 英鎊上漲到 7 月的每股 1,000 英鎊以上，短短六個月內，

漲幅高達 700%。

在「南海公司」股票示範效應的帶動下，英國所有股份公司的股票都成了投機對象。社會各界人士，包括軍人和家庭婦女，甚至物理學家牛頓都捲入了旋渦。人們喪失了理智，完全不在乎這些公司的經營範圍、經營狀況和發展前景，大家只相信發起人所提出「公司能獲取巨大利潤」的說法，生怕唯恐錯過大撈一把的機會。一時之間，股票價格暴漲，平均漲幅超過5倍。

1720 年 6 月，英國政府為了制止各類「泡沫公司」的膨脹，英國國會通過《泡沫法案》。自此，許多公司被迫解散，民眾們開始清醒過來，對一些公司的懷疑逐漸擴展到「南海公司」身上。同年 7 月，外國投資者開始拋售「南海公司」的股票，英國國內投資者紛紛跟進，「南海公司」的股價瞬間一落千丈，9 月跌至每股 175 英鎊，12 月跌到每股 124 英鎊。

「南海泡沫」由此破滅……。

1720 年年底，英國政府對「南海公司」進行資產清理，發現該公司實際資本早已所剩無幾，那些高價買進「南海公司」股票的投資者因此遭受巨大損失。從此以後的一大段時間，投

資者對新興股份公司聞之色變，對股票交易也會心存疑慮。

牛頓在投資「南海公司」失敗後，曾經感歎自己雖能計算出天體運行的規律，卻無法預測投資者非理性的瘋狂程度。大部分在股市投資的投資者期待股價持續上漲來獲取差價。當以取得差價為目的參與投資時，投資者自然就非常關注股票的每日走勢，且因為價格上漲，意味自己賺錢了，反之，則意味著虧錢了。牛市來了雖意味著賺錢機會變多，卻也代表虧錢的可能性亦跟著變大了。

不過即使是牛市盛宴，終究也是不能長久持續的。以趨勢投資的方式追逐各種熱點的風險很大，而且平時天天盯盤，要抄底逃頂，在正常情況下根本難以做到。在一輪牛市中，比較有效的「趨勢投資」方式其實是以指數基金的投資方式跟著市場走。**對於能承擔一定風險的投資者而言，這是跟隨市場長期分享國內經濟增長成就，進而實現財富保值增值的最佳途徑。堅定持有主流指數基金雖是一種「笨辦法」，但在牛市中若採用這種辦法，往往能夠跑贏大盤**。從 2009 年至 2019 年這十年內，美股處於牛市當中，由「股神」巴菲特親自管理的波克夏‧海瑟威的股價表現不及同期「標準普爾 500 指數」（Standard

& Poor's 500）。具體來說，標準普爾 500 指數 ETF 的複合年增長率，這十年來約為 13.5%，而波克夏 ‧ 海瑟威的複合年增長率為 9.7%。如果投資者在 2009 年年初，拿出 1 萬美元投資標準普爾 500 指數 ETF，十年後的市值將增至 42,415 美元，相比之下，波克夏 ‧ 海瑟威的市值僅僅增加至 28,871 美元。

　　而「價值投資」則是另外一種「笨辦法」，那就是與一籃子「好公司」一同成長。我所理解的價值投資的精髓在於，「選」好公司，「等」合理價買，堅「守」長期持有，透過與「好公司」共成長的方式，獲取長期的回報。從長期而言，投資品項帶給投資者的獲利約等於公司本身價值的增長率，而一籃子「好公司」的價值增長的速度會高過市場平均水準。而堅持價值投資根本不需要高難度的抄底逃頂。

　　顯然地，投資者如「選」取一個好公司組合，「等」到合理價買入，並長期堅「守」，就可以透過這些公司經營的穩步增長而獲得很好的回報，從而安穩地穿越市場的牛熊週期。至於「牛市是否真的來了⋯⋯」、「牛市能持續多久？」等問題，都不是真正的價值投資者需要擔心的。「股神」巴菲特的投資秘訣很簡單：多數人貪婪時自己恐懼，多數人恐懼時自己貪婪。

現在大家都普遍恐懼，我們應該如何做，結果不是非常顯而易見嗎？那麼大家又為何不敢去做呢？

大家開始找理由，例如國內經濟增長持續放緩、中美貿易摩擦難以解決、債務困境與去槓桿預期繼續、房地產泡沫無以為繼等，似乎看不到一點光明。

但實際情況真的如此悲觀嗎？

實際上並不是！

經濟規律告訴我們，在市場經濟環境下，沒有永久的繁榮，也沒有永遠的衰退，只有永恆的週期輪迴。我們沒有理由相信經濟增速會一直下行，也不要相信股市會一直低迷。且讓我們再看看其他經濟體的週期及相應資產表現吧！

::: 希臘曾是歐盟甩不掉的包袱……

2009 年，歐洲債務危機由希臘引爆，當時希臘國內債臺高築、人口老化、生產力低下，喪失了在國際市場舉債的信用……大家都認為希臘除了退出歐元區之外，一切根本無解。而希臘為了換取國際貨幣基金組織（IMF）、歐洲央行、歐盟成員國的共同資助及私人債權人的救助，不得不接受苛刻的緊

縮條件並實行資本管制。

　　經過九年的內部緊縮與外部 明，IMF 發佈的資料結果表明希臘經濟明顯復甦，2017 年希臘債務佔比爲 178.6%，同比下降約 2%，2018 年繼續降至 172.5%；希臘財政也已連續三年獲利，經濟增長勢頭或將繼續強化這種趨勢。2017 年，希臘GDP 增長率爲 1.8%，2018 年上半年，希臘成了歐元區經濟增長最快的成員國之一，經濟景氣指數創四年來的新高。經濟合作與發展組織（OECD）曾預計，希臘這兩年的經濟將分別增長 2% 和 2.3%。

　　根據此一證明，國際評級「機構惠譽國際」（Fitch Group）將希臘主權信用評級由「B-」上調至「B」，展望則爲「正面」；國際評級機構「標準普爾」（S&P Global Ratings，原名 Standard & Poor's，簡稱標普）也將希臘評級從「B-」調升至「B+」，展望爲「穩定」。希臘也因房價明顯回升而成爲全球投資人熱門投資的目的地之一。希臘 ASE 指數（GR-ASE ASE GENERAL INDEX）也從 2016 年的低點回升，漲幅超過50%。於是，希臘重返國際金融市場發債融資，這項結果也代表著源自 2009 年 12 月的歐洲債務危機終於結束，歐盟爲應對

危機而採取的長期貨幣寬鬆政策，也開始逐步緩解。

⠿ 日本經濟復甦曾被視為「不可能的任務」

事實上，自從 20 世紀 90 年代初期資產泡沫破裂後，日本經濟便一直處於萎靡不振的狀態，近二十年沒有出現過實質性的回升。從「失去的十年」到「失去的二十年」，大家預期的「失去的三十年」很快成為現實，人口老齡化、出生率下降更成為專家們認為日本經濟必然走向沉淪的關鍵依據。

然而，情況悄悄出現了變化。從數據上看，日本經濟從 2012 年起就一直保持溫和增長的態勢。根據公開資料，2017 年，日本 GDP 增長率為 1.7%，連續五年實現了正增長，而 2018 年日本，全年 GDP 的增長率預期達到 1.8%，作為人口老齡化且勞動力總數減少的「遲暮」發達國家，有這樣的經濟增速確實已屬佳作了。

作為「景氣燈號」指標的日本股市，日經平均指數（Nikkei 225，又名日經 225）在 2017 年上升了 21%，表現在全球範圍內都算亮眼，2018 年第三季末，日經平均指數更是進一步創下二十七年來的新高，離「失去的二十年」起始的巔峰狀態已

經不遠。只要給予時間，連希臘、日本這樣的「無望」經濟體都能走出低潮，我們真沒必要擔心國內經濟會一蹶不振。

大家可能擔心債務違約升級、房地產泡沫破滅會讓股市進一步大跌。其實，股市是宏觀經濟的領先指標，目前市場的低迷狀態已經是對債務違約、房地產泡沫困局的影射了。巴菲特說過一句名言：「當看到知更鳥的時候，春天就已經過去了。」在上一輪全球金融危機中，美國股市於 2009 年 3 月見底回升，美國著地產在 2011 年下半年才跌至底部，美國實體經濟更是直到近幾年才有了明顯復甦。從投資角度來看，出現「危機」也就等同於出現機會。當市場極度悲觀，已經無人敢輕言「底部在何方」的時候，或許底部就在腳下也說不定……。

∴ 以長期投資為目的，即使牛市不再，錢景依舊

如果還是不放心，擔心牛市不會來，我們就一起找一些投資標的－即使牛市一直長期不來，也能讓我們立於不敗之地的投資項目。

只是這些穿越牛熊的品種去哪裡找呢？

且讓我們借鑑一下日本市場的經驗吧。

我找出了當今日經指數中五十家上市公司，它們顯然是經歷「失去的二十年」後依然活下來的強者。這些長期穿越熊市的公司不是電信、高鐵、銀行、保險等關乎國人生計的企業佼佼者，就是日本具有全球核心競爭力的高端製造業的豐田、本田、日產、三菱、佳能，還有日用消費品中的花王、TOTO 等，這些我們耳熟能詳的龍頭品牌，以及小野製藥、大塚製藥、武田藥品等醫療保健公司。那麼在國內股市中，以國計民生、核心競爭力、消費剛需、醫療保健等作為穿越牛熊的投資品項的標準選取，是否同樣一體適用呢？

　　事實上，我們確實能在股市中找到一些績優股的，即使市場總體表現非常低迷，也能透過好公司經營的穩步增長來讓自己得到很好的回報。以合理的估值買入並長期持有這些好公司的股票，哪怕牛市不再來，投資獲利也會非常亮眼。

　　那麼，當下哪些行業更容易產生好公司呢？

　　我個人認為，大眾消費、醫療保健、金融服務等行業都是好的標的物，那麼哪些公司是上述這些行業中的優等生呢？價格是多少合理？簡單的判斷標準是有較高且持續穩定的「股東權益報酬率」（Return On Equity，ROE）及股息分紅收益率。

至於具體如何深入分析，對一般投資者而言，那就要請可信賴的專業人士幫忙了。總而言之，以長期投資為目的，選取透過以上分析得出，可以穿越牛熊的好公司，並以合理價格來參與，即使牛市永不再來，相信也會有很好的回報；當然，牛市就像日出一樣，是必然會再來的，投資者或許還能在短期內收到驚喜喔。

至於為何過去幾年，股市出現全面泡沫化的窘境？這是基於 2008 年至 2018 年貨幣超發、債務膨脹而來的現象。諾貝爾經濟學獎得主羅伯特 · 詹姆士 · 席勒教授（Robert James Shiller）**1** 於書中《非理性的繁榮》（Irrational Exuberance）所描述的景象。那麼房地產和股市哪個泡沫會更大呢？事實上，房地產與股市泡沫一樣大且泡沫肯定會以破滅而告終的。古今中外，無一例外。

⠿ 如何打造下一波「理性繁榮」？

「非理性繁榮」的終結並不是壞事，因為它是不可持續的。那麼，市場的各家投資人應該如何做，才能一起打造下一波可持續的「理性繁榮」呢？

1.對投資者而言，危機往往就是轉機。在熊市時投資安全，還是在牛市時投資安全？儘管大家感覺一定是在牛市時投資較「爽快」，但從長期投資角度來看，在熊市時選擇參與往往更容易獲利。其實，投資理財本無高深莫測的秘訣，只有一些易懂的常識與原則。其中最重要的原則就是人人都懂的「低買高賣」。所以，請問股票在熊市時估值高，還是在牛市時估值高？顯然股票在熊市時便宜！

那麼，為何投資者在牛市時搶著買股票，反之若處在熊市時，則須避之則吉？

價值投資的核心，是以顯著低於內在價值的價格買入並持有股票。基本上只有在熊市時，市場才會大量出現估值極具吸引力的股票，為投資者創造難得的投資機會。當前市場總體估值水平已處於歷史低位，市場也確實湧現一批價格顯著被低估的股票。因此，投資者現在要做的既非怨天尤人也不是落荒而逃，而是把握股市目前處於相對低點、可讓自己從容挑選績優股並低價買進的好時機。

在持續熊市中，股票價值即使已被嚴重低估，仍可能繼續下跌並持續相當長的時間。因此，投資者即使買入很有價值的

股票，仍可能面臨股價下跌、長時間被套的風險，但若能長期堅持，回報肯定不俗。「如果不能承受股價下跌 50%，我們就不適合做股票投資。」這是巴菲特過去說過且廣為流傳的名言。巴菲特這句名言並非泛泛而談，而是其切身經歷。

在過去歷次的熊市中，巴菲特所投資的股票也經歷過大跌，然而他最後還是能以優秀的投資績效，證明自己的確是當之無愧的「股神」。

與所有的投資品項一樣，好公司的股價存在明顯的「鐘擺效應」（Swing），短期內會漲過頭也會跌過頭。事實上，這些股票價格遭腰斬不是第一次，很可能不會是最後一次，每次堅持下來的投資者最終獲得的回報都不俗。我們必須明白，無法忍受股價下跌 50% 的投資者，同樣也很難等到 100% 的回報。

2. 站在監管機構的立場，市況低迷正好推動改革。當股市低迷時，推行改革的阻力與代價都是最小的，監管機構應該把握時機作管控，配合嚴懲財務資料造假與市場操縱，讓股市具備優勝劣汰的機能，提升股市的投資價值，改變投資大眾多半是虧損的困境。

3. 對上市公司來說，資產價格便宜才是併購與壯大的良

機。大家搶著在牛市買進高價資產。但往往買的不如賣的精巧，在泡沫期間以天價買回的資產，最終難逃認賠殺出的命運。反觀熊市中，好公司、好資產往往被市場情緒「錯殺」而成為價值窪地，而出現價值窪地正是投資的大好良機。市場上仍有它的有效性，那些能夠持續創造價值的上市公司，還是能夠幫投資者創造好的長期回報。

穩步邁向財富自由

許多讀者都覺得自己還不算有錢，離財務自主的生活仍有比較大的距離。其實只要一步一步地走，實現財富自由其實仍是大有可為的。巴菲特在 1965 年所擁有的 1 千萬美元，來到 2010 年時就變成了 440 億美元，平均年化報酬率為 19.4%。

從（圖 3-2）可知，巴菲特所擁有逾九成以上的財富，都是他在五十歲以後才取得的。假設我們也複製一下他的成功經驗，拿出 10 萬元作為起步的資金，實現長期合理回報，待等到退休前，你也可以擁有上千萬的財富了。

除了辛勤工作，利用好投資理財中的「魔法」─複利效應，

圖 3-2　華倫‧巴菲特財富增長示意圖

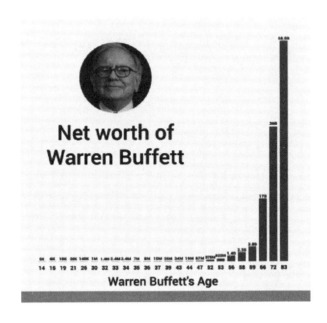

財富的增值進程也會大大加快。「複利」是一個讓財富增值的過程。我們每年不僅可以從原始的投資中獲得回報，還可從存在於帳戶中的前幾年的收益中獲得回報。

假設我們投入資金的年化報酬率為 6%，如果投資 1 萬元但沒有複利，那麼我們每年的獲利是 600 元，十年後是 16,000 元，二十年後是 22,000 元，三十年後是 28,000 元。加入複利，

那麼實際獲利就要比這多得多：十年後變為 17,910 元，二十年後再變為 32,070 元，等到三十年後即成長為 57,430 元。

加入複利三十年後的所得收益，是在沒有複利的情況下所得收益的兩倍多。這就意味著，大約有一半的最終帳戶餘額每年，其實是來自原始的 1 萬元的投資收益，而另外一半則是從投資獲利中取得的投資收益。

這個「魔法」夠神奇吧？

透過投資理財的「複利」效應，能讓我們較快地累積起財富，除了實現買房、買車、旅遊度假、安享退休等夢想，還能抵禦意外風險。我們無法預知未來會發生什麼，正常情況下，明天會和今天一樣，明年會與今年差不多。然而，生活會在一眨眼之間發生翻天覆地的變化，我們除了會「遇到未來的伴侶」、意外發現夢想中的好房子、結婚生子這樣的驚喜以外，還有可能會遭遇各種不幸，例如失業、自己或至親生了一場大病等等的意外。

有效的理財需要做到開源節流，這依靠的是自律。透過合理的預算，考慮到投資理財的複利效應，我們今天花出去一筆錢，就會使將來少了一筆可觀的財富。對於發財致富這件事，

我們不應寄希望於中獎券、繼承了某位長輩的遺產甚至是炒股票等。對於大多數人來說，持之以恆地投資理財二、三十年，才是通往財富自由的正道。

不同的人有不同的目標，你可以設定五年內儲備房屋頭期款這種「小目標」，也可以是二十年後財富自由的「大目標」。關鍵是要**根據自身財務狀況，預估未來收入，再根據自身的風險承受能力，清楚制訂並嚴格執行投資理財的計畫。**

---

1. 美國經濟學家（1946.03.29~），市場亦暱稱他為鮑勃・席勒（Bob Shiller）。目前擔任耶魯大學亞瑟・奧肯教席，也是耶魯管理學院金融國際中心成員。

| 3.3 |

選、等、守
實現「10 倍報酬率」的必勝心法

　　想要財富自由，沒有一定的投資報酬率是不可能實現的，但太高的報酬預期也是不可能做到的，所以怎樣的報酬率才是既可達到又具有意義的？我個人認為是「10 倍報酬率」，也就是十年內有 10 倍的獲利。

　　請大家千萬不要小看「10 倍報酬率」。十年 10 倍，二十年就有 100 倍了。所以若以這樣的速度累積財富，假設一個人在三十歲時擁有 10 萬元本金，那麼等到五十歲時就有上千萬的資產了。所以若每年都有量力而為地增量投入，退休後的富

足生活自然不用發愁，大家真沒有什麼好擔心的。

至於這個「10 倍報酬率」究竟是從何而來？

當市場低迷時，很多投資者認為「10 倍報酬率」根本不可能實現，感嘆投資不虧錢就已經不錯了。待到了牛市，他們則認為「10 倍報酬率」根本算不上甚麼好事，報酬一年翻倍其實很容易做到，想在三、五年內實現 10 倍的報酬，其實一點都不難辦。但大家或許沒料到，投資者之所以會有這種想法，在很大程度上其實是受到市場波動的影響。

為了在證券市場取得可觀的獲利，大家不外乎借助以下三種方法來執行。

以「博弈」的心態，追高殺低

習慣使用這種方法的投資者，其實是希望透過一場「零和遊戲」（Zero-Sum Game）[1]，從其他投資者的口袋裡賺到錢。當然，在流動性非常充足的股市中，從來就不缺乏高潮迭起的故事，也不存在甚麼很難解釋的邏輯。許多高科技概念股，短短幾個月就上漲超過 10 倍甚至更多，但多年後，公司業績表

現卻也證明，這些所謂的高科技股通常只是一個傳說。市場上也有許多業績表現差的公司，後來因為被借殼上市、併購重組等，轉眼間身價再次翻漲 10 倍有餘……，而這也只不過是鳳毛鱗爪，建議投資人千萬別當這類「風口」上的「飛豬」，因為一旦風吹過後，這些「飛豬」肯定會紛紛摔落地 **2**。

投資大眾不一定願意接受的事實是，古今中外，美麗的泡沫每次都必以破滅而告終。1999 年至 2000 年，美股的那斯達克高科技泡沫在 2001 年破滅，根據資料顯示，到 2002 年年底，在 1995 年至 2000 年上市的公司中有 50% 已經消失，有 72% 的股價低於首次公開發行（Initial Public Offerings，IPO）價格。到 2019 年年底，在 1999 年至 2001 年上市的近九百家科技公司中，只有六十一家仍然存續，存續率僅為 6.8%。有此可見，投資者以博弈心態追漲殺跌實現財富自由，是行不通的！

以「套利」的方法，積少成多

這種方法就是利用量化模型，透過高頻率的交易，一點一點地累積獲利，也就是賺取不同市場、不同品項定價偏差的

錢，逐步積少成多而致富。然而，量化模型都存在模型失效、政策干預、系統漏洞、「黑天鵝」事件等風險，例如美國「長期資本管理公司」（Long-Term Capital Management L.P., 縮寫爲 LTCM）的隕落，便是一例。

該公司成立於 1994 年，創始人是約翰‧梅韋瑟（John Meriwether）。他在創立「長期資本」之前，就已爲華爾街的大型投顧公司之一所羅門兄弟公司（Salomon Brothers）立下赫赫戰功。在固定收益套利部門工作近二十年，成功晉升爲所羅門兄弟公司的副總裁。

他網羅了一大批業界精英，其中還包括學術人才（但不限於）：畢業於麻省理工學院，哈佛商學院的金融學副教授 Eric Rosenfeld；倫敦經濟學院畢業生 Victor Haghani；獲麻省理工學院經濟學博士學位的 Gregory Hawkins；在麻省理工學院獲得雙學位的 LawrencEHilibrand；美聯準前副主席 David Mullins；以及畢業於史丹佛大學，後執教於麻省理工學院、史丹佛大學和賓夕法尼亞大學，有著華人的「金融大牛」之稱的黃奇輔（Chi-Fu Huang）等人。

兩位諾貝爾經濟學獎得主、學術界的巨匠也加入了「長期

資本」，其中一位是羅伯 · 莫頓（Robert Merton）。Merton
獲得過哥倫比亞大學的學士學位、加州理工學院的碩士學位，
以及麻省理工學院的經濟學博士學位。加入「長期資本」之前，
則一直在麻省理工學院和哈佛大學執教。另一位是「布萊克-
休斯模型」（Black-Sholes Model）的創造者之一麥倫 · 舒爾
茲（Myron Scholes）。他從芝加哥大學取得 MBA 和博士學位，
先後在麻省理工學院斯隆商學院和芝加哥大學執教。

「長期資本」的起投點是 1 千萬美元，遠高於一般對沖
基金的 20 萬美元；它的費率結構是 2 和 25（即每年的管理費
是 2%，業績提成是 25%），也高於業界的標準（2 和 20）。
但即便如此，投資者仍蜂擁而入，其中，個人投資者包括美林
證券的老闆戴維 · 科曼斯基（David Komansky）、瑞銀普惠
（PainEWebber）老闆唐納德 · 馬龍（Donald Marron），以
及貝爾斯登公司（ThEBear Stearns Companies, Inc.）的老闆詹
姆斯 · 凱恩（Jimmy Cayne），機構投資者包括臺灣銀行、科
威特養老基金 3 等。就連之前堅持不投對沖基金的義大利中央
銀行，也拿出 1 億美元買進「長期資本」的股票。

「長期資本」於 1994 年 2 月正式成立，初始管理的資產

規模為 12.5 億美元，是有史以來全球最大的對沖基金。而在群英薈萃的情況下，「長期資本」初期的業績非常出色，在剛開始的十個月裡，透過基金賺了 20%；1995 年賺了 43%；1996 年回報率是 41%，累計收益達到 21 億美元。這樣的數字在今天看來並非那麼驚人，但大家要考慮兩個重點。第一，「長期資本」的主業是做對沖套利，集中在利率、債券和外匯領域上而非賭單邊市場，畢竟一般套利的利潤都很微薄。第二，這是發生在二十年前的事情了。做一個簡單的比較，當時麥當勞在全球一年賣 10 億個漢堡，所得的利潤也遠低於「長期資本」的獲利；「長期資本」的獲利也高於當時美國最出色的一些藍籌股（Blue Chip），包括美林證券、迪士尼、美國運通、耐吉、朗訊科技有限公司（Lucent Technologies, Inc.）和吉列（Gillette）。

「長期資本」的業績不但好且很穩定，它最高的單月虧損率只有 2.9%。然而世事如斯，幸福的時光似乎總是難以永遠持續。對沖套利的單筆交易利潤一直很微薄，為了放大利潤所以只能加大槓桿。有一段時間，基金的頭寸高達 1.25 萬億美元，槓桿率加大到 100：1。然而，高槓桿操作之下，風險自

然不期而至……。

1998 年 5 月，美國和國際債券的息差超過了「長期資本」模型的預測，當月基金淨值下跌 6.7%，這是該檔基金成立以來，最大幅度的虧損。

而禍不單行的是，基金在 6 月時虧損了 10%。1998 年上半年原油價格下跌 14%。由於向來以原油出口為經濟支柱之一，隨著油價下跌，俄羅斯股市當年下跌 75%。投資者避險情緒急升，俄羅斯的債券慘遭拋售，短期利率飆升到 200%。由於「長期資本」重倉押寶國際債券（包括俄羅斯債券），它也隨著俄羅斯的金融市場滑向無底深淵。

面對嚴峻的市場，「長期資本」也是無計可施。

而就在形勢萬分危急之時，美國監管高層終於出手干預：美聯準紐約分行組織，位處華爾街上的十四家投行組成財團，一起向「長期資本」注資 36 億美元，獲得 90% 的股權。

這個故事的最後結局是，「長期資本」的合夥人幾乎失去一切，紛紛選擇離去。更有意思的是，在被財團接管之後不久，市場開始強力反彈，息差迅速收窄，朝著合夥人當初預期的方向演進。也就是說，有人接收他們的投資組合，在其後的反彈

中大賺一筆。因此，「長期資本」若能夠挺住，那麼至少最後還是可以保本平倉的。但當然，這也僅僅是如果罷了。

「長期資本」的隕落告訴我們，**積小勝而成大勝的套利交易不能為我們實現長期的高獲利，反而會讓我們面臨各種風險，大家務必謹慎看待。**

以「實業」思維與好公司一同成長

實業思維其實就是「主人翁」精神，投資者選定好公司，並且當這家好公司的老闆，讓好公司的經理人為自己打工，長期穩定地獲得該公司創造的利潤，這也是實現長期豐厚回報最大化的不二法門。

其實，在股市中要實現高報酬並非一定會被疲憊與焦慮困擾。採用以價值投資的方法，投資者根本不需要做到超高難度的抄底逃頂。而實現「10 倍報酬率」也絕非是個「高難度動作」。大家關心的問題是，下一個「10 倍報酬率」如何找？

我認為，選擇「10 倍報酬率」的投資標的物，其實有以下幾個標準。

1. 選擇上行產業當中的好公司。哪些算是「上行產業」？我認為是能在往後十年或更長時間內，具備穩定增長空間的行業就算是上行產業，例如醫療保健、醫藥生技、民生消費、文化休閒、大眾娛樂、金融服務業等皆是，這些行業直接得益於國人消費升級的大趨勢，穩步增長的確定性非常強烈。

2. 「估值低」才是硬道理。如前面所說，在 2014 年年初牛市啟動前，我自己的組合中，招商銀行的股價淨值比（Price-to-Book Ratio，P／B）是 0.8 倍，本益比是 6 倍，平安保險的 P／EV（市價與內含價值的比率，是衡量壽險公司估值的重要標準之一）不足 1 倍，本益比不到 10 倍，而五糧液當時受「塑化劑」等負面因素的影響本益比低至 5 倍。因此，當時買入這些好行業裡面的好公司都是實實在在的「便宜買」。

其實，價值投資要有實業思維，當時我就與一些資深的投資圈朋友們推算「密謀」，既然名牌白酒的本益比只有 5 倍，那麼若以足夠的資金把整個公司買下來，維持正常經營，那麼五年後就能回本，等於是平白獲得一家上型產業里的好公司。我認為，以實業思維來投資股票，往往就能等到買進便宜貨的機會。

3. 長期堅持才能大獲全勝。前面已經講過，以便宜的價格買進一籃子好公司後，只要價格依然合理就請繼續持有，短期的漲跌大可不予理會，半路下車式的「逃頂」根本沒有絲毫意義。能否實現「10 倍報酬率」，就要看投資者能否做到知行合一、心無旁騖地去堅持。

　　「10 倍報酬率」是每個投資者的願望，然而要實現「10倍報酬」究竟有多難？我們不妨理性地計算分析一下。

　　根據複利計算方法，每年報酬率爲 25%，十年下的獲利達到 9.31 倍，接近 10 倍。那麼什麼樣的公司可以創造 25% 的年化報酬率？假設在上市公司中，近十年的年平均股東權益報酬率（ Return On Equity，ROE ）大於 25% 的只有八家，也就是說，持有這八家上市公司的股票，每年取得分紅後再投資到這些股票中。待十年後，假設市場給予這些公司的股票估值不變，投資者基本上就已算實現「10 倍報酬率」了。

　　前面我們算過，十年下來的年平均 ROE 超過 25% 的公司，數量稀缺，但如果我們把標準降到十年年平均 ROE 超過 15% 的公司，那麼符合標準的數量就顯著增加到幾十家了。而 ROE 爲 15% 的公司，又該如何爲投資者實現「10 倍報酬率」？我們可用同樣的複利計算方法推算一下，ROE 爲 15%，期限爲

十年，假設市場給予的估值不變，回報為 4.05 倍，初期這些公司被市場低估，只給予 10 倍本益比的估值，而十年後市場發現了這些公司的價值而願意給予 20 倍本益比的估值，那麼投資這些公司的總收益就是 4.05 的兩倍，也就是 8.1 倍，可說是離「10 倍報酬率」的目標不遠了。

2009 年其實是因上一輪全球金融風暴而導致資本市場走勢低迷的時段，直至 2022 年，資本市場的情況與 2008 年至 2009 年、2015 年至 2016 年等低迷期都極為相似，確實已到了秉持「選好公司，等合理價買，堅守做長期打算」原則出手的時候。因此，每當市場低迷時，幾乎到了一個我們可以爭取「10 倍報酬」的好時代，我肯定不會錯過。我在此自製了年化複利與總回報率表（詳見表 3-1），謹供各位參考。

表 3-1　年化收益 VS. 投資報酬率

年化報酬率	五年報酬率	十年報酬率
15%	201%	405%
20%	249%	619%
25%	305%	931%

資料來源、製表：作者

⠿ 「10 倍報酬率」背後的「選、等、守」

根據我自己在國內外市場摸爬滾打近三十年的經驗與教訓，我把「10 倍報酬率」背後的價值投資「眞經」總結爲「選、等、守」三個字。具體來說就是前面章節多次提到的「選好公司，等合理價買，堅守長期持有」的價值投資原則。我們一定不要高估自己擇時或選股的投資能力，但也不用羨慕和佩服那些傳說中能準確逃頂抄底的所謂「股神」。我們必須明白：投資就是投國運，買股就是買公司。

我們現在要做的就是如我在前面章節說過的「高築牆，廣積糧，緩稱王」。也就是先精心挑「選」前景大好的產業裡的好公司，「等」待時機再以合理價格買入，最後是堅「守」長期持有。這就是我一直以來宣導的「選、等、守」價值投資的「三字經」。

我們不妨參照一下美國市場的相關經驗，看一下 1970 年美國經濟出現長期滯脹的較差場景時，各行各業的表現。

「漂亮 50」（Nifty Fifty）是美國股票投資史上特定階段出現的一個非正式術語，用來指 20 世紀 60、70 年代在紐約證券交易所交易的五十檔大受追捧的權值股，例如麥當勞、迪士

尼、美國運通、可口可樂、吉列（已併入寶潔）、柯達、陶氏化學、奇異公司、輝瑞、寶僑、全錄公司等。這些由各行業優秀公司組成的「漂亮50」，因獲利長期增長穩定而備受投資者的追捧，在當時被投資大眾一致認為是可以「買入並持有」的優質成長股，同時成為美股在20世紀60年代牛市行情的一股重要動力。由於人們認為這些公司的運作非常穩健，這些股票被認為是「一次性抉擇」股，也就是說，一旦決定買入股票，就無須再為投資理財這檔事操心了。

然而長期持續上漲，明顯地高估了這些「漂亮」公司的股價。直到1972年12月31日，美股「漂亮50」的平均本益比高達43倍。在美國經濟增長已經放緩的背景下，股市長期走弱，「漂亮50」進入明顯下跌的「褪色期」。從1972年12月31日到1974年12月31日，這五十家公司的股價平均下跌44%，本益比由43倍降至17倍，估值明顯下降。

之後，這些各行業的優秀公司表現出其經營能力的韌性，獲利能力先於經濟增長復甦而開始提升，隨著1970年年末結構調整的完成，美國經濟重回上升軌道。「漂亮50」中的大部分公司繼續領跑美國經濟，在之後的四十年間，為堅守著它

們的投資者帶來 10% 以上的年化報酬率。

　　美股「漂亮 50」的興起、調整、再次復興，再再證明了「選」好公司、「等」合理價買、堅「守」長期持有這個價值投資原則，在經濟週期的不同階段同樣適用。同時，透過回顧美國當年的「漂亮 50」，我們還能得到一個重要啟示：多數經歷歲月磨煉且持續成長的公司，多半屬於貼近消費大眾的企業，它們提供的產品或服務，正好與老百姓的生活關係密切。考慮到國內消費領域不可限量的發展前景，此類公司同樣值得重點關注。這實際上也說明一個道理，**即使產品看似平常、經營模式也容易理解，但該公司的獲利能力才是價值投資的重要來源**。

「價值」投資的四項基本原則

　　價值投資「三字經」當中的「選」字，就是要大家慎選好公司，其必要性我已在前面章節說明清楚，我們要確保十年後，這些公司仍在持續經營，既能保持良好的市場競爭力，又能保持高的 ROE（股東權益報酬率）。班傑明・葛拉漢（Benjamin Graham）在《智慧型股票投資人》（ThEIntelligent

Investor）一書中介紹了防禦性（也就是保守者的價值投資「四項基本原則」）。

1. 投資切勿過度分散。 即使資金量大，持有股票數量也請控制在 10 ～ 30 檔即可。投資標的有限，投資者就可以深入研究，把每一個標的物研究透徹。

2. 選擇大型、知名、財務狀況穩健的企業。 確保該公司能夠持續穩健經營，並且能夠對抗在不同經濟週期下的起伏波動，應變能力強。

3. 企業須具有長期連續支付股息的歷史。 這項標準有助於投資者規避一些財務造假的公司，畢竟利潤造假的企業是不可能長期拿出大量現金來分紅的。

4. 股價限制在，以過去七年平均每股獲利來計算的 25 倍本益比之內。 如果以過去一年的平均每股利潤來計算本益比，那就將本益比控制在 20 倍以內。以七年平均每股利潤來計算本益比，可以確保我們不會買「太貴」。

按照這個原則來選擇，股市中的絕大部分的成長股、新興類股等都被排除在外。班傑明 · 葛拉漢也在書中給出了成長型公司股票的選擇估值標準：**本益比 ＝ 8.5+2× 增長率**。公式

中的增長率是指公司七～十年的平均增長率，也就是說，如果一家上市公司的利潤長期增長率是 5%、10%，那麼其買入時可以接受的估值分別是 18.5 倍和 28.5 倍獲利率以下。因此，我們「選」到好公司後，還必須「等」到合理價格並買進，才有可能實現較好的獲利。事實上與所有的投資品一樣，優質企業擺脫不了「鐘擺效應」，短期會漲過頭，也會跌過頭。若能等到價格較便宜時再買入，則可大幅提高長期的年化報酬率。

至於價值投資「三字經」中的最後一個字是「守」，是指買入好公司後並長期堅守，這其實是「三字經」中最難做到的一個字。進出過股市的投資人肯定都有過「痛並快樂著」的奇妙感受—沒買時，它持續漲；痛下決心買進之後，它卻又馬上不漲反跌，總感覺市場一直與自己作對……。其實，股價短期內是緊跟著市場情緒隨機遊走的，是根本不可預測的狀態；但若長期來看，它反而變成是由公司的實際價值來決定的，更是可以被計算和精確判斷的。

以合理價格買進好公司，很可能也會遇上股價在短期內下跌的情況，有時跌幅甚至還會很大。這時，投資者必須有足夠強的韌勁去堅守。事實上，每一次堅持下來的投資者最終都可

獲得不錯的回報。不能忍受股價下跌 50% 的投資者，同樣也很難等到 100% 的回報。

⁖ 股市行情「翻轉」的三大警訊

股市中曾有過這樣一句話：「敢買的是徒弟，懂得賣的才是師傅。」讀到這裡，大家肯定要問：「那我們應該何時賣出呢？」我認為，一旦出現以下三種情況，建議大家就需要賣出做調整了。

· **企業經營或財務出現重大變故，失去原本的優勢。**
· **原本持有的績優股，因市場大漲而導致股價泡沫化，估值過高，失去投資價值。**
· **企業因置辦大項資產（例如買廠房），需要花錢。**

建議大家堅定持有好公司，這也是能實現長期豐厚回報的不二法門。現實情況就是，一般投資人在資本市場中佔比高，投資策略多半是以趨勢博弈為主，市場的情緒化特徵特別明顯，「羊群效應」（Herding Effect）4 因此被放大。而中小投資者對回報的預期很高，總希望能把握一切風格切換的波段，因此頻繁進出股市，付出昂貴的交易成本，但這樣除了把心態

搞壞以外，根本一無所獲。

記得巴菲特曾在年會上勸導過投資者：「人們都有這種特質，看到別人賺錢時，心裡也會非常渴望投機跟進，而非心平氣和地做價值投資。當市場很熱時，看見許多新股表現優異，很多人被吸引進來進行投機……。……這就是美國的教訓。」他還說過，人們若喜歡投機就會變得自滿，會進入一個舒適區，一旦市場發生變化，他們便會無法預知或做出防禦。

但市場長期下來總會引導人們正確投資。

為何投資者多熱衷於股市預測，並根據預測來做短期的股票買賣投機呢？因為這是最容易執行的選項。以下三種方法可為投資者進行投資決策時，提供依據。

- **研究分析行業與公司（觀念、做法最正確）。**
- **打聽各種內幕消息（不是很洽當）。**
- **聽「專家」信口開河預測短期走勢（最離譜的做法）。**

然而，這三種方法的難易程度恰恰與靠譜程度相反。絕大多數人都對明知是不靠譜的預測及預測者趨之若鶩。對企業家而言，專心研發新產品是正確但很不容易走的一條路；講故事的路容易，但往往一走便難以回頭。

對投資者而言，深入分析並研究公司財務狀況，之後再來下投資決策，這才是正確卻不容易走；跟風炒股票的路容易走，卻顯然不是正道。我們該選擇正確的路，還是選擇容易的路？

選擇往往決定結果。

如果跟隨巴菲特實踐「價值投資」，那麼在具體做法上就簡單許多了，只需按「三字經」的指引，「選」好公司、「等」合理價買、堅「守」長期持有。然而，「選」好公司除了需要努力學習具備財務分析能力，還需對行業的前景與公司基本面進行深入分析，「等」合理價買需要具有抗拒短時利潤誘惑的堅強耐心，堅「守」長期持有需要有堅持己見而謝絕從眾的恆心與毅力。

一言以蔽之，這是一條正確但不容易走的路。在投資與資產管理行業中，真正能長期生存並勝出的往往是一些「笨人」，他們不知道怎樣把握市場在短期內的趨勢變化，只能以「價值投資」的原則，「笨笨」地守著一些好公司，並與這些好公司共同成長。

∷∶ 忘記「光榮傳統」，擁抱價值投資

在大家的印象裡，說到投資似乎只有炒股票才能致富，長期持有股票的是傻瓜。綜合本章的論述，我認為若要在股市實現「10 倍報酬率」，其實需要具備以下要件。

1. 堅持實業思維。以成為企業真正主人的態度來對待投資，「選」好行業的龍頭公司體現的是實業思維，看 10 年的經營歷史，在 10 年內能連續獲利，最關鍵是能連續高比例現金分紅。特別是能連續高比例現金分紅這條，基本就可以把財務造假的公司排除在外了。

首先是，好公司必須等合理價才買。以貴價買入好公司，短期內面臨數年不賺錢，從長期來看投資收益率也會明顯降低。現有觀點認為「利率長期走低，資金無風險收益率很低，優質資產因此成了可以無限漲價的無價之寶」。

我認為這種觀點用在投資上是極危險的。儘管長期低利率，但無論是實業投資還是股權投資都需要合理回報。例如日本的利率長期為零，企業難道就不需要合理獲利了嗎？

顯然不是！

無論是實業投資還是股權投資，都面臨很大的風險，需要

以合理的獲利來補償投資者所承擔的風險。

其次是，「等」合理價買也是實業思維。因為，做實業是要透過每年的回報來計算多久之後才能回收成本，如果買太貴，即使買的是好公司，每年的股息報酬率也不一定就夠用，靠公司獲利來收回成本的時間勢必得拉長，這樣的投資性價比也就不算高了。

最後是，堅「守」長期持有也是一種實業思維。一個股實的企業家不會整天想著把企業賣掉，相反地，他會把全部心思放在企業經營上，透過獲得穩定增長的經營利潤，提升企業的價值。

2. 不炒股票，不買基金。前面章節中我們反覆說過，不要盯著市場股價的變動而買賣。炒來炒去的結果幾乎註定是失去長期豐厚回報的機會，有時甚至會被各種「地雷」炸傷。「市值管理」就是其中一款非常厲害的花式「地雷」。

我們很理解在市場中參與「炒股票博弈」的投資者，因始終處於資訊不對稱中，如靠各種內幕消息博取利益，實則生存不易。老實說我一點也不擔心自己會踩雷，也從不擔心被莊家收割韭菜。因為我「不炒股票」，也從不去打探各種內線消息。

因為不靠內幕消息也能夠找到一些好公司，安心長期當股東，與這些好公司共成長，並分享它們優秀經營帶來的豐厚回報。投資者若以當上市公司股東的心態來投資，而非「炒股票」，那麼莊家們「市值管理」、「操縱市場」、「收割韭菜」等操作伎倆又怎能損傷到我們呢？

　　同樣地，如果經過客觀分析，發現自己沒有選出好公司並而長期持有的慧眼與韌勁，那麼不妨使用第六章所介紹的簡單方法，先選適合的基金，然後再「躺平」，改讓專業的經理人為自己把關價值投資，並且實踐到底，完成「10 倍報酬率」的夢想。

　　3. 積極學習，知行合一。價值投資確實是「知不易，行更難」。然而讀完本書，相信大家不難明白，價值投資確實是能為投資者實現慢慢變富並收穫滿滿幸福的投資正道。

　　因此，作為投資者，走上投資理財正道只是成功的開始，無論是找好公司，估算其合理估值，還是選擇經營風格始終如一的價值投資基金經理人，總結上述種種都需要我們不斷學習與總結。

⫶⫶⫶ 「10 倍報酬」達標，實現財富自由

　　未來哪些行業、板塊可能讓我們實現「10 倍報酬率」？我認爲這是投資首先要解決的問題。透過學習，我們能明白一些價值投資的眞諦，辨認投資理財的正道。心無旁鶩地在投資理財的正道上長期堅持，讓複利效應在好的投資標的上發揮作用，就能實現「10 倍報酬率」，最終實現財富自由。

　　投資理財的科學研究理論與投資圈高人們的實踐告訴我們，在經過辛勤勞動累積了一定的原始財富之後，人們其實是可以透過有效的投資理財來實現財富自由。只要我們設定一個合理的回報目標，選出長期獲利能力高的投資標的，就可以把任務交給時間與複利，讓它們來幫助我們實現財富自由的終極目標。

　　說到長期收益率高的投資標的，就只能在股票市場中尋找了。股票市場理論上是千千萬萬投資者希望中的致富之地，實際上是讓絕大多數投資者虧損累累的傷心之地。巴菲特在回答「您的價值投資方法很簡單，但爲何眞正實踐的人卻不多……」的問題時說過：「沒有人願意慢慢變富。」進入股票市場，在激動人心的股價的上下翻騰中，投資者往往會迷失，

也會忘記終極目標。長期價值投資帶來的複利效應，確實有可能為投資者實現「10 倍報酬率」，前提是能堅持十年。而想堅持下來，合理的資產配置必不可少。

「資產配置」是投資與理財的基石理論，而被稱為「全球資產配置之父」的學者加里‧布林森（Gary Brinson）及其夥伴們多年的精心研究表明，從長期來看，92% 的投資收益來自合理的資產配置，具體的品項選擇對收益的貢獻率只有 6%，而投資者最熱衷的「擇時操作」，對長期收益的貢獻率則只有區區 2% 而已。

讀者們看到這邊可能會認為，資產配置理論的研究成果，與我們的投資理財實踐，出入甚大。投資者把 90% 的時間花在把握與捕捉市場短期的小波動上，最終獲得 2% 的成果，這不是明顯的本末倒置嗎？著眼於追逐市場短線的波動，除了帶給我們疲憊與焦慮，還真沒有多少投資績效可言。

事實上，在資產配置、擇時操作、選擇品項這三種影響投資收益的主因中，「擇時操作」因市場走勢千變萬化，「選擇品項」因公司的經營環境風雲變幻而難以掌控，只有「資產配置」是投資者自己可以充分控制的因素。因此，建議投資者在

宏觀的財富規劃上，請堅持合理的資產配置，根據自身的風險偏好與風險承受能力，妥善規劃大類資產比例的劃分，而在微觀的權益類資產管理上，更須堅持長期價值投資，持續與優秀的上市公司長期共舞，讓時間與複利的「魔力」幫助自己實現財富自由。

這才是投資理財的正道！

---

1. 又稱零和賽局，其論述源於賽局理論而來，表示所有賽局中的每一方的利益之總和皆為零，意即一方有所得，另一方則必有所失。發生在國際經濟中的許多問題多半屬於此類，另外像是賭博、期貨和選舉等亦屬知名例子。
2. 小米創辦人雷軍說過，用來形容創業的一句名言：「站在風口上，豬都會飛」，這句話後來被命名為「飛豬理論」不僅多次被人引用，甚至更拿來惡搞。
3. 由科威特政府擁有，成立於 1953 年的科威特投資局（Kuwait Investment Authority），是史上最古老的主權財富基金，目前也是全球第三大主權財富基金。
4. 亦稱群聚效應或從眾效應，因為人類有盲目從眾的本能，會一窩蜂地做出相同反應。這種情況，在金融市場尤其常見，故而經濟學以此描述經濟個體的群聚行為。

識財經

有錢人的紀律：我們終將變富有

作　　者─黃凡
視覺設計─徐思文
主　　編─林憶純
行銷企劃─謝儀方

總 編 輯─梁芳春
董 事 長─趙政岷
出 版 者─時報文化出版企業股份有限公司
　　　　　108019 台北市和平西路三段 240 號
　　　　　發行專線─（02）2306-6842
　　　　　讀者服務專線─ 0800-231-705、（02）2304-7103
　　　　　讀者服務傳真─（02）2304-6858
　　　　　郵撥─ 19344724 時報文化出版公司
　　　　　信箱─ 10899 台北華江橋郵局第 99 號信箱
時報悅讀網─ www.readingtimes.com.tw
電子郵箱─ yoho@readingtimes.com.tw
法律顧問─理律法律事務所　陳長文律師、李念祖律師
印　　刷─勁達印刷有限公司
初版一刷─ 2024 年 12 月 20 日
定　　價─新台幣 350 元

時報文化出版公司成立於 1975 年，並於 1999 年股票上櫃公開發行，於 2008
年脫離中時集團非屬旺中，以「尊重智慧與創意的文化事業」為信念。

有錢人的紀律：我們終將變富有 / 黃凡作 . -- 初版 . -- 臺北
市 : 時報文化出版企業股份有限公司, 2025.01
　200 面 ; 14.8*21　公分 . -- (識財經)
ISBN 978-626-396-928-5(平裝)

　　1.CST: 投資 2.CST: 理財
　563　　　　　　　　　113015807

ISBN 978-626-396-928-5
Printed in Taiwan.